NHÁ CHICA
PERFUME DE ROSA

Vida de Francisca de Paula de Jesus

Luz do mundo

- *Antonio: palavras de fogo, vida de luz* – Madeline Pecora Nugent
- *Charles de Foucauld: o irmãozinho de Jesus* – Jean-François Six
- *Francisco de Paula Victor: apóstolo da Caridade* – Gaetano Passarelli
- *Irmã Dulce: o anjo bom da Bahia* – Gaetano Passarelli
- *Irmão Roger de Taizé: uma esperança viva* – Christian Feldmann
- *João Leão Dehon: o profeta do verbo ir* – Pe. Zezinho
- *João Paulo II: um Papa que não morre* – Gian Franco Svidercoschi
- *Lindalva Justo de Oliveira: a bem-aventurada filha da caridade* – Gaetano Passarelli
- *Nhá Chica, perfume de rosa: vida de Francisca de Paula de Jesus* – Gaetano Passarelli
- *Palavras-chave de João Paulo II* – Renzo Agasso e Renato Boccardo
- *Paulo: apóstolo dos gentios* – Rinaldo Fabris
- *Rita de Cássia: a santa dos casos impossíveis: uma história de amor e ódio, de vingança e perdão* – Franco Cuomo
- *Santa Mônica: modelo de vida familiar* – Giovanni Falbo
- *Santo Agostinho: a aventura da graça e da caridade* – Giuliano Vigini
- *São Martinho de Lima* – Giuliana Cavallini
- *Teresa de Ávila: mística e andarilha de Deus* – Bernard Sesé
- *Teresa de Calcutá: uma mística entre o Oriente e o Ocidente* – Gloria Germani

Gaetano Passarelli

NHÁ CHICA
PERFUME DE ROSA

Vida de Francisca de Paula de Jesus

Dados Internacionais de Catalogação na Publicação (CIP)
(Câmara Brasileira do Livro, SP, Brasil)

Passarelli, Gaetano
   Nhá Chica perfume de rosa : vida de Francisca de Paula de Jesus / Gaetano Passarelli ; tradução Cacilda Rainho Ferrante. – São Paulo : Paulinas, 2013. – (Coleção luz do mundo)

   Título original: Nhá Chica profumo di rose.
   Bibliografia
   ISBN 978-85-356-3497-6

   1. Jesus, Francisca de Paula de, 1808-1895   2. Santas cristãs - Biografia   I. Título.   II. Série.

13-03666   CDD-282.092

Índice para catálogo sistemático:
1. Santas : Igreja Católica : Biografia e obra   282.092

Título original da obra: *Nhá Chica profumo di rose.*
Vita de Francisca de Paula de Jesus 1808 - 1895
© Gaetano Passarelli

1ª edição – 2013
10ª reimpressão – 2023

Direção-geral: *Bernadete Boff*
Editora responsável: *Maria Goretti de Oliveira*
Tradução: *Cacilda Rainho Ferrante*
Copidesque: *Ana Cecilia Mari*
Coordenação de revisão: *Marina Mendonça*
Revisão: *Sandra Sinzato*
Assistente de arte: *Ana Karina Rodrigues Caetano*
Gerente de produção: *Felício Calegaro Neto*
Capa e diagramação: *Manuel Rebelato Miramontes*

Nenhuma parte desta obra poderá ser reproduzida ou transmitida por qualquer forma e/ou quaisquer meios (eletrônico ou mecânico, incluindo fotocópia e gravação) ou arquivada em qualquer sistema de banco de dados sem permissão escrita da Editora. Direitos reservados.

Cadastre-se e receba nossas informações
www.paulinas.com.br
Telemarketing e SAC: 0800-7010081

Paulinas
Rua Dona Inácia Uchoa, 62
04110-020 – São Paulo – SP (Brasil)
(11) 2125-3500
editora@paulinas.com.br
© Pia Sociedade Filhas de São Paulo – São Paulo, 2013

SUMÁRIO

AGRADECIMENTOS 7

APRESENTAÇÃO 9

INTRODUÇÃO 11

I – Perfume de rosa 29

II – As três rosas 39

III – A rosa 45

IV – A mãe dos pobres 67

V – A igrejinha 85

VI – O sumiço e os tijolos 93

VII – Decoração da igrejinha 101

VIII – O vereador Pedreira 111

IX – O órgão 121

X – A filha do sacristão e a levitação 139

XI – O nascimento da menina e o testamento 145

XII – Morte de Felix e encontro com Monat 157

XIII – Ainda Monat 165

XIV – A coroa de flores de porcelana
e o perfume de rosas 175

CRONOLOGIA 187

BIBLIOGRAFIA 191

AGRADECIMENTOS

Permito-me agradecer a Frei Paolo Lombardo, por ter-me feito conhecer a figura de Nhá Chica e me estimulado a escrever esta biografia; a Dom Diamantino Prata de Carvalho, por ter acreditado em meu esforço para me ocupar de Nhá Chica; ao doutor Ronaldo Frigini, pelos vários esclarecimentos jurídicos; à senhora Maria do Carmo Nicoliello Pinho, por ter sempre me atualizado, fornecendo as várias publicações, e por ter sempre demonstrado, juntamente com sua família, uma grande estima e amizade por mim; à direção da Biblioteca Pública Estadual Luiz Bessa, de Belo Horizonte; ao responsável, na época, pelo Consulado Italiano de Belo Horizonte, doutor Salvatore Nocera e a sua mulher Helena, pela disponibilidade e amizade demonstradas; à doutora Helena Chabounevitch, por sua disponibilidade e paciência em fotografar os livros úteis para esta pesquisa; à doutora Rossana Nicoliello Pinho, com quem tenho um grande débito de reconhecimento, por ter facilitado de todas as formas as minhas pesquisas e minha estada em Belo Horizonte, Baependi e São João del-Rei; à professora Stefania Colafranceschi, pela revisão do texto em italiano; à Irmã Célia Cadorin, pelo grande trabalho de descoberta e de estudo desta figura; finalmente, ao atual postulador, doutor Paolo Vilotta, por ter me solicitado, defendido e facilitado este trabalho.

APRESENTAÇÃO

Quem sobe a escadaria da igreja da Conceição, em Baependi, MG, depara-se com a estátua de uma anciã. Ao pé da imagem, o artista esculpiu algumas rosas. O que o levou a tal gesto? Certamente pelo fato de a rosa simbolizar o amor. E aquela que foi esculpida na pedra é alguém que soube viver o amor a Deus e ao próximo.

Francisca Paula de Jesus, conhecida por Nhá Chica, viveu no século XIX (1808-1895). Era mestiça, filha de escrava, e analfabeta. Desde cedo, a mãe a ensinou a temer a Deus e a respeitar o próximo. Orientada a viver como celibatária, dedicou-se à oração, ao trabalho e às obras de misericórdia.

É famosa sua devoção à Paixão do Senhor. Toda sexta-feira recolhia-se em sua casinha, para meditar sobre o amor de Jesus por nós. O zelo pela casa de Deus, em especial seu carinho pela Eucaristia, sensibilizou-a a contribuir para a douração da capela do Santíssimo da Igreja Matriz de Baependi, dedicada a Nossa Senhora de Montserrat. Peculiar é sua filial devoção a Nossa Senhora, a quem chamava de Sinhá. Gostava de rezar a Salve-Rainha e invocava Maria com ternura, implorando: "Esta é a ocasião; valei-me, Senhora da Conceição!".

Nhá Chica atendia a todos sem distinção: letrados e analfabetos, ricos e pobres. A estes ajudava como podia, sobretudo orientando-os e rezando por eles. Considerada a Mãe dos Pobres, repartia com eles o que possuía. Pessoas importantes a procuravam. Sabia dialogar, mostrando-se sábia e serena.

Seu processo de beatificação iniciou-se em 1993. Complementou-se em 1998. A sua causa foi assumida pela Congregação das Causas dos Santos, em 2000. O Papa Bento XVI, em janeiro de 2011, reconheceu a prática das virtudes cristãs, vivenciadas pela Venerável Nhá Chica. A Comissão Médica deu parecer favorável à cura de um mal congênito no miocárdio, em novembro de 2011. O mesmo Papa assinou o decreto que reconhece o milagre, no dia 28 de junho de 2012. No domingo seguinte, 3 de julho, numa celebração eucarística, por mim presidida, uma multidão agradecia a Deus esse dom.

Em 15 de outubro, a Secretaria de Estado do Vaticano me comunicava que o Santo Padre aprovara a data para a beatificação, maio de 2013. E nomeava seu representante o Cardeal Angelo Amato, Prefeito da Congregação das Causas dos Santos.

Toda a Diocese da Campanha e os devotos e romeiros da Venerável Nhá Chica alegram-se com a proximidade da sua beatificação. Importa, porém, que ela se torne modelo de vida santa para nós que a amamos. As rosas aos pés da estátua, na escadaria da igreja da Conceição, devem nos lembrar que, acima de tudo, temos que viver o amor a Deus e ao próximo! Esse é o caminho para sermos santos.

Agradeço ao professor Gaetano Passarelli, a bela narrativa sobre a nossa Venerável. A ele e a todos os devotos de Nhá Chica, votos de bênção e de paz.

† *Fr. Diamantino P. de Carvalho, ofm*
Bispo da Diocese da Campanha

INTRODUÇÃO

A primeira vez que ouvi falar de Nhá Chica foi em fins dos anos 1990 e, depois, porque inesperadamente tive a sorte de ir a Baependi, em 2002. Acompanhei Frei Paolo Lombardo, na época o postulador da Causa de Canonização.

Foi assim que pude visitar a pequena casa, a igreja e o orfanato, onde dormi uma noite. Lembro-me com muita ternura das meninas, sob a direção da irmã, irem à igreja recitar o "Salve-Regina" ao redor do túmulo de Nhá Chica e, depois, as mais novinhas, curiosas, vieram acariciar minha barba branca.

Naquela ocasião, embora com certa desconfiança, tinham me pedido para escrever uma biografia. A figura me interessava, me era simpática, portanto, aceitei de bom grado, apesar de não ter conseguido entrar naquela sintonia que liga solidamente o personagem a seu biógrafo.

Quando parti, deram-me de presente um chaveiro com a imagem de Nhá Chica, o qual, voltando para a Itália, não pus de lado como tantas outras lembrancinhas, mas o usei para as chaves de minha casa. Assim, aquela imagem me acompanhou todos os dias destes últimos anos... Mas não fiz nada para cumprir o prometido. Toda vez que tentava ler os documentos e depois as biografias – a biografia do Palazzolo, que ficou estacionada todos esses anos no meu criado-mudo –, o resultado era sempre o mesmo: havia algo mais urgente para terminar, para escrever, para entregar.

Não serviram para nada os repetidos convites para participar dos encontros organizados em 2004 e 2006, para voltar a Baependi e revitalizar o entusiasmo... Parecia, em resumo, que eu tivesse posto uma pedra sobre aquela promessa, mesmo que no fundo da alma eu sentisse que não era assim. De fato, continuava a existir uma ligação sutil, quase imperceptível, de curiosidade com relação a essa figura que eu sempre trazia no bolso.

Li com muito prazer o que Paulo Coelho escreveu e tinha imaginado a cena de como, depois de tantos anos, ele tinha voltado para cumprir sua promessa, levando à casa de Nhá Chica as três rosas: duas vermelhas e uma branca.* Na minha modéstia, eu até tinha almejado voltar um dia a Baependi para colocar a biografia sobre o túmulo, demonstrando-lhe que era um homem de palavra.

Nesses anos até conheci dois estudantes brasileiros que, pensando contar-me uma novidade, começaram um dia a me falar de Nhá Chica com entusiasmo. Escutei-os com interesse para não decepcioná-los quanto às suas expectativas, mas, no fim, foi mais forte do que eu: ao nos despedirmos, tirei do bolso o chaveiro e lhes mostrei.

Pode-se imaginar como ficaram embaraçados: "Mas, como? Conhecia Nhá Chica e não nos disse nada?". Aliviei-os, dizendo que tinha gostado muito de ouvi-los falar dela com tanto entusiasmo, pois isso tinha servido de lembrete por não ter cumprido minha promessa.

Passou-se o tempo e, inexoravelmente, a idade chegou, e com ela a consciência de que tudo que acontece ou deixa

---

* Ver Capítulo II, As três rosas, na pág. 39 deste livro. (N.E.)

de acontecer não é simplesmente fruto do acaso, mas de um plano muito complexo que nós seres humanos ainda não conseguimos entender.

Digamos, então, que o acaso quis que eu voltasse ao Brasil para apresentar a segunda edição da biografia de Irmã Dulce, de Salvador, na Bahia, e tivesse a oportunidade de ir a Baependi. Mas, desta vez, eu sentia um desejo indistinto: não sei se de rever aqueles lugares depois de tantos anos, para conseguir um pouco de energia e escrever finalmente aquela biografia, ou se de entender se Nhá Chica queria, de verdade, que eu escrevesse sobre ela.

E, num dia, em anonimato total, cheguei a Baependi cercado somente do afeto e da cortês hospitalidade de uma família amiga.

Foi assim que voltei à pequena moradia de Nhá Chica, revi a igreja, venerei as suas relíquias, observei o movimento dos devotos e peregrinos que me deixa tão curioso, quando estou em locais de veneração, até mesmo aqueles não cristãos.

Era uma tarde ensolarada e havia pouco movimento, de forma que pude me demorar naqueles pontos que me interessava observar sem ser incomodado.

Um pensamento sempre voltava a minha cabeça toda vez que o olhar se demorava numa pessoa ou num gesto de devoção: como era grande a fama de santidade daquela pobre mulher, já morta há mais de cem anos; era tal, que atraia homens e mulheres, jovens e velhos de origem social e cultura diferente, e, no entanto, poucos conheciam a sua vida. O que era essa fama de santidade? Uma repetição de gestos que homens e mulheres reiteravam por emulação? Uma busca de proteção contra o medo? Ou simplesmente a chamada de uma energia espiritual amadurecida no caminho de aceitação do salvador Jesus Cristo?

E não conseguiria terminar de descrever as figuras, objeto de minha discreta observação, a distância: a moça com flores, que talvez desejasse passar em algum exame ou tinha um problema sentimental; o homem maduro, ajoelhado perto do sepulcro, com o rosto entre as mãos, que tinha vindo pedir a intervenção para alguma pessoa da família ou para si mesmo, sentindo-se em crise existencial; a família de turistas que, na superficialidade de sua visita, tinha sentido a necessidade de acender velas e depois comprar alguma lembrancinha na sala em que as freiras estavam ocupadas escrevendo as encomendas de missas e satisfazendo os pedidos dos devotos...

Isso para mim é um milagre "perene".

Fui para a casinha. Naquele momento não havia ninguém e decidi me entocar num cantinho para observar, sem distrações, aqueles ambientes que por tantos anos foram a morada de Nhá Chica. E ali, fechando os olhos, senti uma grande energia que provinha daquelas paredes cheias de fotografias e ex-votos, em que dominam sua grande coroa do Rosário e a estatueta de Nossa Senhora da Conceição, da qual tinha sido tão devota.

Enquanto estava ali, senti-me quase invisível ao ver entrar um homem e uma mulher abraçados. Tinham dado uma olhada ao redor – não me tinham concedido sequer um olhar! –, como se estivessem mais preocupados em trocar efusões que em prestar atenção naquele lugar que "sentia" tão sagrado. Depois saíram e dirigiram-se à igreja.

Uma cena como tantas outras, eu poderia ter-me dito, mas o que tinha me chamado a atenção? O entendimento que transparecia nos dois. Ela era uma mulher morena, alta, com os cabelos compridos, soltos sobre os ombros, muito bela, naquela idade em que a flor da feminilidade se encontra no máximo de seu perfume. Tinha um jeito de andar altivo, nobre, como uma rainha, orgulhosa por caminhar ao lado de seu rei. Ele, com mais idade, estava visivelmente muito apaixonado, orgulhoso por ter ao lado tanta beleza, a ponto de não ter olhos nem prestar atenção a não ser nela. Aquela imagem me tinha trazido à mente dois peixes com barbatanas muito compridas e sinuosas que alguns anos atrás eu tinha no aquário de casa: passavam o dia todo a trocar carinhos.

Fiquei novamente sozinho na casa e fechei os olhos para me concentrar. Depois de um bom tempo, estava para ir embora quando, da porta que dá para o orfanato e a igreja, retornaram os dois. Sempre abraçados. Entraram e, mais uma vez, não fui digno de um olhar, como se nem percebessem a minha presença.

Daquela vez me senti demais, mas a curiosidade era tanta que voltei lentamente para o meu cantinho no escuro. Não escondo que me sentia um tanto embaraçado, como se estivesse violando a intimidade deles, mas não me senti culpado.

Os dois se aproximaram da grade da porta que dá para a salinha lateral e ficaram ali abraçados, com as cabeças bem juntas. A certa altura, a mulher pôs na grade uma imagenzinha de Nhá Chica, certamente comprada havia pouco: dava para ver que seus pensamentos estavam concentrados em pedir alguma coisa, enquanto seus corpos quase queriam se fundir. Desejava muito ouvir seus corações batendo e entender seus pedidos, mas era realmente querer demais!

O tempo passou devagar. Ninguém, felizmente, perturbou aquele momento tão intenso dos dois. Repentinamente a mulher pegou a imagenzinha, beijou-a e deu-a ao homem que, olhando-a visivelmente comovido, deu-lhe um beijo no rosto. Ela, no entanto, não teve nenhum escrúpulo em lhe estalar um beijo sonoro na boca, o que serviu talvez para interromper a solenidade daquele momento e trazê-los de volta à terra. E, assim, impregnados de certa alegria, saíram para a rua.

Eu também saí para voltar para casa; poderia fazê-lo mais tarde, mas não resisti à tentação de continuar a observá--los. Afastaram-se de mãos dadas e os vi desaparecerem numa ruazinha lateral.

Perguntei-me por que tinha tanto interesse e me dei uma justificação. Ao vê-los entrar na casinha da primeira vez, havia tido a impressão de que fossem dois turistas que por curiosidade tinham-se enfiado naquele lugar, quase me deixando meio aborrecido. Ao voltarem, porém, observando seus gestos e concentração, percebi que não estavam ali por acaso, tinham certamente vindo para pedir alguma coisa e, não obstante as aparências, deveriam ser pessoas de grande importância. Tinham rezado? Tinham se concentrado em suas preocupações? Não importa. Vê-los unidos daquela forma me deu a impressão de que se tratasse de um pedido que um fazia pelo outro, para obter algo muito importante.

Impressão... Sensação? Somente Nhá Chica, que estava ali escutando a pulsação de seus corações, sabia a verdade.

E me lembrei de que ninguém se casava ou tomava alguma decisão sem primeiro ter ouvido a opinião de Nhá Chica...

Essas são as imagens que trago comigo da última visita-peregrinação a Baependi.

Saindo da casinha de Nhá Chica repleto de grandes emoções, fui de novo assaltado por dúvidas quanto a Nhá Chica querer realmente que eu escrevesse a sua biografia, considerando o que já foi escrito sobre ela. Tinha visto as várias biografias expostas à venda na sala onde era possível adquiri-las e, descendo em direção à praça da matriz, pensava seriamente em abandonar isso definitivamente, quando ouvi uma melodia familiar em meu ouvido: a música de Stelvio Cipriani para a coluna sonora do filme *Anônimo veneziano*. Parei maravilhado, tentando localizar de onde vinha. Não consegui saber de jeito nenhum. A música continuava alta, mas tive que concluir que só eu a escutava porque, encontrando uma pessoa amiga, compreendi que ela não a ouvia.

Passaram-se alguns dias. Fiz umas pesquisas sobre tudo que dizia respeito à Nhá Chica e seu período histórico na Biblioteca Nacional de Belo Horizonte, mas estava pouco convencido, porque achava que não havia nada de novo para se falar sobre essa bela figura.

Um dia cedo, antes do nascer do sol, quando dormia tranquilamente, tive a sensação de haver uma luz muito forte apontando para meu rosto. Abri os olhos com dificuldade e vi um globo de luz branquíssima que, saindo pela janela, se dispersou na escuridão. A janela era envidraçada e as persianas estavam fechadas! A ligação do fenômeno com Nhá Chica foi imediata porque me lembrei perfeitamente que estivera sonhando com ela. Interpretei isso como uma ulterior resposta positiva que ela me estava dando para que pusesse mãos à obra em sua biografia.

Todavia, voltando para a Itália, esperava-me um período de prova de fogo muito difícil e mal consegui delinear um esboço e escrever algumas páginas.

Os compromissos assumidos anteriormente me obrigaram a escrever um ensaio de iconografia bizantina (não seria melhor dizer: outro trabalho programado?), depois, em vez de dedicar-me à sua biografia, me senti inspirado a escrever a do Padre Francisco Victor, de Três Pontas, outra promessa feita também naquele longínquo 2002.

O que me levava a ficar longe de escrever sobre Nhá Chica, não obstante as presumidas garantias recebidas? Um temor indefinido… um grande medo que até hoje não consigo explicar, e foi tal que, quando o novo postulador, doutor Paolo Vilotta, me comunicou que estava em Baependi, eu lhe pedi: "Por favor, vá ao túmulo de Nhá Chica e pergunte-lhe se quer mesmo que eu escreva a biografia, mas faça com que ela dê um sinal".

Depois de alguns dias, ele me respondeu: "Espera que você a escreva, me deu um sinal muito claro. De fato, enquanto eu falava da perspectiva da beatificação de Nhá Chica, Dom Diamantino Prata Carvalho me disse: 'Até lá teremos também a biografia do professor Passarelli'".

Desde meu encontro com Sua Excelência Dom Diamantino, bispo da Campanha, em 2002, não se tinha mais falado da minha biografia.

De tudo que contei, não sei se foram somente autossugestões ou coincidências fortuitas somadas a uma fantasia desenfreada. A essa altura, porém, não obstante os muitos compromissos editoriais que me aguardavam naquele ano, decidi escrever esta biografia e pus mãos à obra de imediato.

O resultado? Espero que não seja apenas uma tempestade num copo d'água e que Nhá Chica me perdoe.

Considere-o ao menos como um ato de amor.

O Autor

Notas bibliográficas

O modo como encetamos a biografia de Francisca de Paula de Jesus, chamada de Nhá Chica, poderia dar a impressão de tê-la romanceado e de, às vezes, ao encenar alguns episódios, nos termos deixado levar pela fantasia. Se isso devesse provocar escrúpulos, garantimos desde já que, como se faz para a reconstrução de época, nos baseamos em documentação original e, somente para tornar a leitura mais ágil, preferimos não sobrecarregar o texto com referência a documentos e notas bibliográficas; entretanto, a biografia inteira se baseou em documentos publicados e inéditos, em estudos e ensaios que citaremos pontualmente, fazendo também todas as considerações críticas que poderiam não ser de muito interesse para o leitor comum.

Na transcrição dos documentos foi respeitada a grafia original.

O nome

"Nhá Chica ou tia Chica é uma celebridade em todo o sul de Minas" (Monat, 92, entrevista, 13). É com estas palavras que se inicia o capítulo que o doutor Henrique Monat lhe dedicou no livro *Caxambu*. Nhá Chica já tinha recebido há anos o nome com o qual as pessoas a indicavam. Trata-se de um hipocorístico que abrevia o nome Francisca, precedido de um termo de respeito nhá/tia.

"Francisca de Paula de Jesus ou Francisca Izabel, 'meu segundo nome', disse-me ela, "porque minha mãe se chamava Izabel", esta é a identidade que Nhá Chica fornece ao doutor Monat (Monat, 94, entrevista, 17) e que resulta de atos oficiais como o testamento do irmão Teotônio Pereira do Amaral, seu testamento e a certidão de óbito da paróquia (ver mais adiante as anotações ao capítulo 4, 11, 14), enquanto a certidão de óbito do ofício civil a chama de Francisca Izabel (ver anotações ao capítulo 14). O único documento em que é chamada somente de Francisca é na certidão de batismo, mas sabemos que não se referia a São Francisco de Assis, mas a São Francisco de Paula (1416-1507), um santo taumaturgo nascido em Paola, na Calábria, fundador da Ordem dos Mínimos, muito venerado na América do Sul, em particular em Minas Gerais.

Em alguns documentos públicos, devido à grande estima, era chamada de dona Francisca; veja-se, por exemplo, como foi redigido pelo pároco de Baependi, o Padre Marcos Pereira Gomes Nogueira.

Análise e uso das fontes e da bibliografia

A documentação que nos chega sobre a figura de Nhá Chica é realmente escassa e não podia ser diferente, já que se tratava de uma mulher analfabeta e, além disso, de origem escrava, que viveu num ambiente atrasado.

Quando, em 1950, o Frei Jacinto da Palazzolo decidiu chamar as freiras (Irmãs Franciscanas do Senhor) para administrarem o orfanato, ele o fez porque encontrou em Baependi uma realidade de devoção à Nhá Chica tão arraigada, que permitia a sustentação da Obra. Ele, porém, sentiu necessidade de indagar quem fosse essa pessoa, tão conhecida e venerada por todos. Procurou fontes que pudessem validar a tradição oral e, muito claramente, escreveu: "Pesquisei, perguntei, li tudo o que se tinha escrito", mas teve que se dar por vencido e declarar: "Depois de todas as pesquisas possíveis, estamos convencidos de que a Providência, em seus elevados e inescrutáveis propósitos, permitiu que Nhá Chica fosse transformada numa pérola oculta. Da vida de Nhá Chica pouco sabemos, muito pouco do muito que deveríamos saber. Conhecemos apenas o relato das maravilhas feitas em benefício do próximo, suficiente para justificar o culto privado que prestamos às suas virtudes e a seus exemplos de alma privilegiada que embelezou com dons especiais.

"Depois de 63 anos de sua santa morte, Nhá Chica vive na lembrança e no coração das pessoas, que recorre a ela em suas aflições" (*A pérola escondida. Nhá Chica*. 3. ed. Rio de Janeiro, 1973, prefácio da 1. ed., p. 13, ver Positio, BD, 128-129).

De fato, os que tinham conhecido e convivido com Nhá Chica foram, além do mais, gente simples, analfabeta que, salvo raríssimas exceções, confiou à memória a lembrança de sua figura, que conseguira com seu espírito de prece e de caridade manter viva ou reavivar sua fé através de sinais concretos. Formou-se, então, uma tradição transmitida oralmente, em parte recolhida em três biografias (Ferreira Pena, Frei Palazzolo, Monsenhor Lefort) e no ensaio de J. A. Pelúcio, *Templos e crentes*, São Paulo, Gráfica Paulista de João Bentivegna, 1942. Portanto, uma vida essencialmente construída sobre promessas, segundo a terminologia hagiográfica franciscana (ver Notas informativas sobre biógrafos da serva de Deus e sobre suas obras, Positio, CS, 27, 30 e em várias publicações, Positio, BD, 124-153).

Uma mudança decisiva ocorreu com as investigações diocesanas nas quais, de um lado, se recolheram através de testemunhos todas as lembranças passadas de pai a filho e, de outro, através do admirável trabalho da Comissão Histórica, foram pesquisados todos os documentos úteis, de forma que, com a elaboração da Positio para a Causa da Beatificação (Campanien in Brasília, Beatificationis et Canonizationis Servae Dei Franciscae de Paula de Jesus dictae "Nhá Chica" laicae [1810-1895], *Positio super vita, virtutibus et fama sanctitatis.* Romae, 2000, P.N. 1839), foi dado um notável passo adiante em termos de qualidade do ponto de vista histórico e crítico. E com base nisso foi publicada a Biografia 2001 (Irmã C. Cadorin; M. J. Turri Nicoliello; M. C. Nicoliello Pinho. *Nhá Chica. A pérola de Baependi, Francisca de Paula de Jesus* [1810-1895]. Baependi, 2001).

Este é o motivo pelo qual a nossa biografia se baseia essencialmente na Positio e na Biografia 2001.

Os dois encontros de estudos havidos em 2004 e 2006, promovidos pela Associação Beneficente Nhá Chica, publicados depois nos Anais, contribuíram para especificar alguns aspectos e tiveram como propósito estimular um debate sobre algumas hipóteses novas, mais tarde retomadas em alguns artigos (J. Nicoliello Viotti; M. C. Nicoliello Pinho; M. J. Turri Nicoliello (a.c.). *Anais. 1º Encontro de Estudos sobre Nhá Chica. Mulher de Deus e do povo no contexto da história, 21 e 22 de maio de 2004, Baependi, MG.* Baependi: Associação Beneficente Nhá Chica, 2005; J. Nicoliello Viotti; M. C. Nicoliello Pinho (a.c.) *Anais. 2º Encontro de Estudos sobre Nhá Chica. Mulher de Deus e do povo no contexto da história:* Baependi, Associação Beneficente Nhá Chica, 2007).

Portanto, é preciso fazer uma distinção básica para poder compreender a fundo o método utilizado nesta nossa reconstrução histórica.

A respeito da vida de Nhá Chica, chegaram-nos substancialmente apenas seis documentos diretos: a) a certidão de batismo (1810), b) o testamento do irmão Teotônio (1861), c) a licença para a construção da capela (1865), d) o seu testamento (1888), e) o texto do doutor Monat (1894), f) a certidão de óbito (1895). Como se pode notar, entre o primeiro e o segundo documento, passaram-se 49 anos! Para preencher em parte esse longo período, é de ajuda a documentação chamada de indireta, isto é, aquela que diz respeito à carreira e à vida do irmão Teotônio Pereira do Amaral (1804-1861). Dela se podem extrair algumas datas e, ainda mais, provar a escolha de vida feita desde menina: viver na pobreza radical, numa espécie de vida monástica na própria casa.

Depois, há certo número de "maravilhas" feitas por Nhá Chica que foram mais ou menos transmitidas oralmente pelas pessoas. Algumas podem ser situadas numa época precisa, com datas, mas a maior parte perdeu a conotação histórica, permanecendo como um relato edificante, como promessa.

Nosso trabalho consistiu em analisar essa complexa documentação para pesquisar eventuais ligações de referência, para reconstruir um perfil o mais possível correspondente à realidade. Em alguns casos, foi feita uma verdadeira e própria análise filológica para procurar colher os aspectos particulares subentendidos. Damos um exemplo que serve para todos os casos.

Confrontando e analisando a terminologia usada na certidão de batismo de Izabel, mãe de Nhá Chica, com aquela de Nhá Chica, foi possível chegar a hipóteses bastante verossímeis.

> Aos treze de outubro de mil setecentos e oitenta e dois, na Capella do Cajuru, filial desta Matriz, o Reverendo Capellão Gonçalo

Ribeiro Britto batizou e poz os santos oleos a Izabel filha de Rosa Banguela, solteira, escrava de Costodeo Ferreira Braga. Forão padrinho Quintino e Faustina pardos, solteiros, escravos de Dona Quitéria Correa de Almeida todos desta freguesia. Coadj. Joaquim Pinto da Silveira (Positio, BD, 69-70).

Francisca, aos vinte e seis de abril de mil e oito centos e dez na Capella de Santo Antonio do Rio das Mortes Pequeno, Fillia desta Matris de São João del Rey, de licença o Reverendo Joaquim Jozé Alves baptizou e pos os Sanctos oleos a Francisca filha natural de Izabel Maria, e forão Padrinhos Angelo Alves e Francisca Maria Rodrigues todos daquella applicação. O Coadjutor Manoel Antonio de Castro (Positio, BD, 68-69).

Pode-se notar que, além de todos os elementos cronológicos e onomásticos, dos quais nos ocuparemos no momento certo, Izabel é filha, mas o termo deve ser integrado com o adjetivo natural, de Rosa Banguela, já que esta é solteira e, importante, é definida como escrava de Costodeo Ferreira Braga. Portanto, Izabel nasceu de uma escrava e era também escrava, porque se estava muito longe daquele dia 28 de setembro de 1871, quando foi promulgada a Lei do Ventre Livre ou Lei Rio Branco, na qual se decretou que ninguém mais nasceria no estado de escravidão. Além disso, se constata que são padrinhos de Izabel dois pardos, solteiros, escravos de dona Quitéria, isto é, os participantes desse batismo são todos escravos pertencentes a um dono bem determinado.

Na certidão de batismo de Nhá Chica, todavia, especifica-se que Francisca é filha natural de Izabel Maria, mas não vem especificado que Izabel seja escrava, nem é indicado o nome do eventual proprietário. Os dois padrinhos são um branco Ângelo Alves e uma mulata livre Francisca Maria Rodrigues. Então, a menos que o redator da certidão, o Padre Manoel Antônio de Castro, não tenha sido apressado e esquecido de usar os termos certos, se deduz que Izabel, quando trouxe ao mundo Nhá Chica, não era mais escrava, e que a menina, sendo filha de uma liberta, não tinha nascido no estado de escravidão. Como veremos mais adiante, Izabel provavelmente tinha sido alforriada quando trouxe ao mundo Teotônio Pereira do Amaral. Aprofundaremos essa questão no momento certo.

Desse exemplo, é possível deduzir em que base foi feita a leitura da documentação e dos testemunhos, extraindo aquelas informações que permitiram uma reconstrução em alguns casos um pouco diversa dos acontecimentos; todavia, como em qualquer trabalho científico, são mencionadas todas as hipóteses e eventuais posições interpretativas anteriores.

Note-se que na transcrição dos documentos foi respeitada a escrita original.

História da causa

A persistente fama de santidade da qual gozou ininterruptamente desde sua morte (1895), fez com que Dom Aloísio Roque Oppermann, bispo da Campanha (1991-1996), de 10 de outubro de 1993 a 31 de maio de 1995, conduzisse o inquérito diocesano na Cúria Diocesana "sobre a vida, as virtudes e a fama de santidade" de Francisca de Paula de Jesus, chamada de Nhá Chica.

Naquela ocasião foram interrogadas 12 testemunhas, das quais 7 laicas, 4 laicos e uma religiosa, cujas idades variavam dos 54 aos 123 anos, de uma única testemunha que a tinha conhecido (*de visu*). Seu depoimento, porém, embora a mulher tenha se encontrado com Nhá Chica uma só vez, visitando-a em sua casa para pedir conselhos depois de ter enfrentado uma viagem a pé, demonstra que tinha sido atraída por sua fama de santidade e por seus poderes carismáticos.

Em 1998, Dom Diamantino Prata de Carvalho, sucedendo Dom Oppermann como bispo da Campanha, que foi nomeado arcebispo de Uberaba desde fevereiro de 1996, convidou o Frei Paolo Lombardo para acompanhar a Causa na qualidade de postulador. Ele logo chamou a atenção do Ordinário de que seria oportuno conduzir um segundo inquérito, que efetivamente foi feito de 18 de junho a 15 de agosto de 1998. Na ocasião foram interrogadas outras 16 testemunhas: 5 laicas, 5 laicos, 3 monsenhores, 2 religiosas e 1 sacerdote diocesano; naturalmente, todos testemunharam a respeito do que tinham ouvido de pessoas que haviam conhecido Nhá Chica (*de auditu a videntibus*). Foi também instituída uma Comissão Histórica, sob a presidência de Maria José Turri Nicoliello Vilela e a secretaria de Maria do Carmo Nicoliello Pinho, que conduziu uma investigação muito acurada sobre o ambiente em que viveu Nhá Chica.

Dos dois inquéritos diocesanos foi possível extrair a documentação e os testemunhos suficientes para elaborar a Positio, isto é, a instrução para submeter aos consultores históricos e teólogos da Congregação dos Santos, continuando a tramitação da Causa de Beatificação. Este documento, como já se mencionou anteriormente, tornou-se uma fonte preciosa de informações sobre a vida e as virtudes de Nhá Chica.

I
PERFUME DE ROSA

Começaram a escavar cedo naquela manhã, nos fundos da igrejinha de Nossa Senhora da Conceição, onde ficava a sepultura de Nhá Chica.

Estavam presentes os membros do Tribunal Diocesano da Campanha, dois peritos legais, o postulador, a vice-postuladora e a madre superiora da Casa. Aguardava-se o bispo, Dom Diamantino Prata de Carvalho, que demorava a chegar.

Do lado de fora, havia se reunido um grupo de fiéis que rezavam o rosário.

O Padre Paulo, ansioso, disse, a certa altura: "Se o promotor de Justiça estiver de acordo, o juiz delegado pode dar início aos trabalhos".

Houve uma rápida consulta entre os membros do Tribunal e, em seguida, o chefe dos trabalhos, o engenheiro Ubirajara Rocha Castro, recebendo ordens para prosseguir, disse aos trabalhadores: "Com muito cuidado, por favor! Vamos começar a retirar a lápide de mármore". E, para evitar que esta se quebrasse, ele demarcou o perímetro da escavação.

Os golpes do martelo, para cortar a primeira fileira de ladrilhos, a fim de destacar a lápide, começaram a ressoar na igreja, enquanto os presentes observavam em silêncio e um pouco apreensivos.

Erguida a lápide de mármore inteira, apareceu um buraco bem delimitado por paredes de tijolos vermelhos. Tinha cerca de um metro de profundidade, todavia, para grande surpresa dos presentes, só havia terra, e do caixão não se tinha nem sinal!

Alguém se virou para o altar, para ver se havia rosas, e, depois, voltou-se para os outros, a fim de verificar se era somente ele que estava sentindo aquilo. Logo, quase inconscientemente, houve uma troca de olhares, como uma verificação silenciosa se o que um estava sentindo era compartilhado por outros, como se se envergonhassem de exprimir a própria sensação.

A tensão que dominava a igreja foi, de repente, rompida por um "Bom-dia... bom-dia a todos", dito pelo bispo, Dom Diamantino, que chegava. "Infelizmente estou atrasado... Ah! Irmã Célia, tomou banho de perfume esta manhã?", continuou brincalhão, passando ao lado da vice-postuladora.

"Gosto de perfume, mas nunca ponho", ela respondeu com firmeza.

O bispo olhou-a: "Ah, é? E de onde vem este perfume de rosas?"

"De lá!", indicou-lhe.

Incrédulo, Dom Diamantino virou-se para a madre superiora da Casa: "Irmã Miriam, quantos litros de perfume derramou na igreja? Desta vez exagerou!".

"Excelência, não pus nenhum perfume... vem dali", indicando o buraco.

Um coro espontâneo de todos os presentes garantiu ao bispo que, desde o instante em que se tinha começado a escavar, o perfume havia se tornado cada vez mais forte.

O chefe dos trabalhos recomendou que escavassem com cuidado e prosseguiu na remoção da terra com precaução. Porém, depois de um metro, nada! Depois de dois metros, nada ainda... Começaram a ficar preocupados.

"Será que não erramos o lugar?", perguntou alguém, mas o perfume persistia cada vez mais forte e parecia alimentar a esperança de que aquele fosse o lugar certo.

Chegou-se a três metros quando se sentiu algo duro.

"Cuidado!", gritou o Postulador ainda mais ansioso: "chega de picaretas; agora devem usar as colheres de pedreiro!". E, usando as colheres de pedreiro e uma escova grossa, surgiram, aos poucos, as placas de pedra cinza, alinhadas uma a uma. O engenheiro Ubirajara, dando-se um tapinha na testa, disse: "Eu deveria saber disso: o túmulo fica debaixo do pavimento da igrejinha construída por Nhá Chica, a primeira igrejinha! Quando o pavimento foi reconstruído, ele foi elevado, por isso ficou tão fundo".

Enquanto isso o pároco, Pe. Geraldo Junqueira, estava enchendo os bolsos com aquela terra...

"Tire tudo isso, rápido... tudo!", gritou-lhe o Padre Paolo e, voltando-se para nós: "Não podem pegar essa terra e nem dizer nada... a ninguém, entenderam? Se eu vir gente aqui, vou suspender imediatamente os trabalhos! Cerquem tudo até a metade da igreja. Ninguém deve se aproximar".

Retiradas as placas, apareceu, escavado na terra, o contorno do caixão.

"O perfume vem dos pés...", disse o chefe dos trabalhos que estava em cima.

"Não, não", responderam em coro os dois trabalhadores que estavam ao lado do caixão, "é muito forte na cabeça... aqui é a parte da cabeça!", e indicavam o local com gestos.

"Parados!", advertiu o Postulador, "não toquem em nada!". E peremptoriamente ordenou: "Subam para cá de novo!".

O Postulador estremeceu e desceu até o buraco. Constatou que o caixão estava quase totalmente destruído: só havia alguns pedaços de madeira esmigalhados... viu alguns farrapos de galão da decoração do caixão e, dentro, os fragmentos de ossos.

Olhou para cima, viu todos aqueles rostos encarando-o e disse, brincando: "Uma cena digna das visões proféticas de Tiepolo ou de Andrea del Pozzo!". Mas, percebendo nas expressões que estavam todos impacientes e não iriam dar-lhe um sorriso, continuou: "É impossível levar o caixão para cima; mandem descer o cesto que eu tinha preparado".

Começou a recolher com muito cuidado, na cesta forrada de tecido, os fragmentos de ossos, iniciando com a cabeça. Logo notou que, ao redor do crânio, havia pequenos pedaços duros. Pegou um deles e, limpando-o da terra, entendeu que se tratava de uma florzinha de porcelana. Muito emocionado, gritou para que todos o ouvissem: "Tinham-lhe posto uma coroa de flores brancas de porcelana!".

Encontrou também a sola de um elegante sapato! Finalmente, depois de 103 anos, foram exumados os restos mortais de Nhá Chica.

Quando Padre Paolo subiu com a cesta, o bispo se aproximou e constatou que o perfume intenso, que havia impregnado a igreja e até as roupas dos presentes, tinha como fonte aqueles poucos restos.

Foi grande a emoção e, junto com aquele perfume de rosas frescas, todos foram dominados por um sentimento de harmonia.

Naquela atmosfera de silêncio e de paz, Dom Diamantino, emocionado, disse: "Isto me faz lembrar o que disse o apóstolo Paulo: 'Nós estamos diante de Deus, o perfume de Cristo'. Esta mulher é verdadeiramente uma santa!".

Notas bibliográficas

O episódio com o qual começamos a narração da vida de Nhá Chica tem como fonte o que se lê na Positio (BD, 150-151) e na Biografia 2001 (p. 89). A fim de contextualizar a questão, adiantamos que é de praxe, na instrução de um inquérito diocesano, exumar os restos mortais para identificá-los e levá-los para uma sepultura comum. O conceito antigo de beatificação, de fato, consistia exatamente na "exaltação", isto é, na "elevação" do que restava do corpo para venerá-lo como relíquia insigne.

O tribunal reeleito para o segundo inquérito sobre Nhá Chica tinha determinado a exumação no início, portanto, isso foi feito em 18 de junho. É muito interessante ler as duas declarações concedidas pelos presentes para sabermos como se desenvolveu a operação e para termos uma ideia precisa desse fenômeno extraordinário. Vamos transcrever primeiro a declaração do responsável pelos trabalhos.

Ubirajara Rocha de Castro, nascido em Caxambu, MG, em 18 de maio de 1954, residente desde os primeiros dias de vida em Baependi, MG, engenheiro civil. Quero dizer que, na qualidade de engenheiro da Associação Beneficente Nhá Chica, sou o responsável pelos trabalhos na casa e na capela. Em 18/06/1998 foi realizada a exumação para o reconhecimento dos restos mortais de Nhá Chica. Depois de ter retirado o revestimento de mármore, foi tirada a laje de concreto com cerca de 800 quilos. Encontrou-se um espaço vazio com mais ou menos um metro de profundidade. Em seguida, iniciou-se a remoção da terra, um processo lento e cuidadoso para não danificar de nenhum modo os possíveis restos mortais.

Do estado da sepultura foi constatado que a mesma nunca tinha sido violada devido à profundidade em que estava o caixão; notava-se que as paredes laterais na primeira parte eram de tijolos maciços, usados ainda hoje e, conforme se descia em profundidade, eram de "adobe" (tijolos de terra, um antigo processo de trabalho que não é mais usado atualmente).

No local (fossa) onde estava o caixão, no fundo e nas paredes laterais foi provavelmente usada uma argamassa feita de terra que se manteve intacta, permitindo constatar o formato exato do caixão.

Tudo isto é apenas o preâmbulo do que desejo declarar, isto é, a grande impressão que tive: no momento em que começamos a retirar o mármore e, sobretudo, a laje, um perfume como de rosas, forte e suave ao mesmo tempo, exalou do lado da cabeça dos restos mortais. Esse perfume, conforme os trabalhos avançavam, aumentou de tal modo, que impregnou a igreja inteira e foi percebido pelos operários e pessoas presentes, inclusive o bispo diocesano e os membros do Tribunal Eclesiástico.

Além disso, declaro que, permanecendo sozinho durante o horário de almoço dos trabalhadores, o perfume aumentou e senti uma sensação de grande paz, como se estivesse num lugar de muita harmonia, que me deixou tranquilo, feliz e em paz com todo o ambiente. Isto não só me impressionou, mas me emocionou muito e me levou a uma profunda prece, com a qual fui capaz apenas de agradecer.

Uma particularidade que acho ser importante: quando começamos a sentir o perfume, dei-me conta de que vinha do lado onde achava que estavam os pés, quando, na verdade, era a posição da cabeça (Baependi, 18 de junho de 1998 – Ubirajara Rocha de Castro).

Então, escreveu o bispo da Campanha, Dom Diamantino Prata de Carvalho, em 30 de julho de 1998:

Declaro que, em 18 de junho de 1998, entrando na igreja de Nossa Senhora da Conceição de Nhá Chica, para a exumação dos restos mortais da serva de Deus, notei que a igreja estava impregnada de um perfume forte e suave. Perguntei à irmã Celia B. Cadorin se tinha usado algum perfume. Ela me respondeu: "Gosto muito de perfume, mas esse vem dali", indicando o túmulo de Nhá Chica. Depois perguntei à irmã Miriam (madre superiora da casa) se ela havia jogado perfume na igreja. Ela me respondeu que não e declarou que vinha do túmulo da serva de Deus.

Eu também me rendi ao fato insólito que já tinha sido notado por todas as pessoas presentes: os componentes do Tribunal, o postulador da Causa, alguns sacerdotes, os fiéis presentes, os trabalhadores e o engenheiro. Lembrei-me da exortação do apóstolo Paulo: "Exalem o doce perfume de Cristo" (2Cor 2,15-16). Esse fato me confirmou a santidade da nossa serva de Deus (Dom Diamantino Prata de Carvalho, bispo diocesano da Campanha).

Em outras ocasiões já se tinha sentido o perfume de rosas. A primeira vez foi quando Nhá Chica morreu e ficou exposta por quatro dias (falaremos disso no momento certo). Outra foi quando se fez o coro em alvenaria. O pedreiro, senhor Aníbal da Silva, declarou a propósito:

> Quando construímos o coro, que era de madeira e estava caindo, fizemos os pilares para cimentar. Eu fiz um buraco perto de seu túmulo e o perfume de rosas era forte. Quando pegávamos um pouco de terra, sentíamos o perfume forte de rosas. Chamei a madre Crescência (falecida) e chegamos à conclusão de que devíamos cercar o local para podermos acabar o serviço porque, se as pessoas tivessem percebido, não teríamos terminado de construir o coro. Cercamos até o meio da igreja. [...] O senhor Gaetano Pelúcio, cumprindo uma promessa, fez o mármore sobre o túmulo do jeito que está até hoje. A igreja foi aumentada lateralmente, sempre dentro do terreno, por isso o túmulo – que antes ficava defronte à porta principal – ficou ao lado (Positio, *Summ.*, 123,124).

Além dessas fontes, servimo-nos do relato do postulador Frei Paolo Lombardo, que esteve presente e participou ativamente da exumação.

Quanto à profundidade da sepultura, segue o que depôs em 1994, isto é, quatro anos antes da exumação, o senhor José de Figueiredo Gouvea:

> Acho que Nhá Chica foi sepultada bem fundo. Na época de seu sepultamento o pavimento já era elevado em relação ao chão e ficou ainda mais alto com a reestruturação que transformou a capela em igreja (Positio, *Summ.*, 43).

Dos vários depoimentos, sabemos que as três placas de pedra foram colocadas por Monsenhor Ademar Pinto, quando a capela foi reconstruída pelo Padre Inácio Kusch (falaremos dele em seguida) (Positio, *Summ.*, 77, 97, 119-120).

Com relação à coroa de porcelana, veja-se o inventário compilado pelo Padre Marcos Pereira Gomes Nogueira, dando conta das despesas feitas, em Caxambu, na casa Marques Irmãos, em 15 de junho de 1895 (o dia seguinte à morte), para receber os restos mortais da serva de Deus (inventário, fls. 27 – A. J. C. B., Positio, BD, 111, nota 5). O documento está transcrito nas notas ao capítulo 14: "A coroa de porcelana e o perfume de rosas".

II
AS TRÊS ROSAS

"Ei! Senhor Coelho!… Ei! Paulo!"

O escritor se voltou, deixando que o alcançassem.

"Sou E. W., jornalista independente."

"Muito prazer", disse Paulo.

"Posso fazer-lhe algumas perguntas?"

Diante de uma aceno de concordância, perguntou: "O que faz aqui em Caxambu?".

"Bem, são as termas…", respondeu com um ar irônico.

"Posso dizer uma coisa?", insistiu o jornalista, "não tem cara de quem está indo às termas!".

"Por que deveria ter uma cara diferente?", respondeu Paulo, assumindo uma expressão inocente.

"Parece-me que tem uma expressão… digamos… concentrada. Diria que tem uma expressão distraída, como se devesse fazer algo diferente, ou seja, muito sério", arriscou o homem.

Paulo o fitou curioso: "Parabéns! De duas, uma: ou se vê facilmente na minha cara o que estou pensando ou você é um bom observador. Como fez para adivinhar?".

O jornalista o interrompeu: "Então, está disposto a responder algumas perguntas?".

"A essa altura, depois de já ter descoberto o meu segredo, o que mais posso fazer? Rendo-me", o escritor respondeu gracejando.

Sentaram-se a uma mesinha num bar, pediram alguma coisa e Paulo o estimulou: "Pergunte".

"Eu repito a minha pergunta de antes: O que faz em Caxambu, visto que não está indo às termas?"

"Cheguei ontem à noite, passei a noite aqui e vou agora para Baependi".

"Baependi? Fazer o quê?"

"Vou cumprir uma promessa."

"Então, certamente está indo para a casa de Nhá Chica."

"Parabéns, adivinhou de novo... vou, sim, à casa de Nhá Chica."

"Cumprir uma promessa? Que promessa?"

"Sinto muito, não me pergunte mais nada. É algo muito particular."

O jornalista, diante de uma recusa tão categórica, não desistiu, tentando desviar o assunto: "Certamente sabe que o corpo de Nhá Chica foi exumado esta semana... Vai prestar homenagem a seus restos mortais?".

"Fiquei sabendo, mas não é esse o motivo pelo qual estou indo para lá", respondeu prontamente Paulo.

Um jornalista competente jamais desiste, então, tentou usar a arma da lisonja: "O processo de beatificação está em curso no Vaticano. É preciso que as pessoas prestem seu testemunho... é importante... O seu seria de um valor significativo... um escritor famoso em todo o mundo tem um peso muito grande... no Vaticano!".

Coelho, sorrindo, disse: "Aprecio sua delicadeza para me fazer falar", respondeu, "mas sou obrigado a repetir que se trata de uma história privada que não quero divulgar".

O jornalista não se deu por vencido e contra-atacou: "Só uma dica, mesmo que seja bem vaga?...". Mas vendo que o escritor balançava a cabeça negativamente: "Então, não se terá jamais seu testemunho... É como dizer que recebeu uma graça de Nhá Chica, mas que a pobrezinha não poderá ter de sua parte nenhuma contribuição positiva para a sua Causa! Me desculpe, mas não me parece justo!". E enfatizou as palavras com uma expressão de quem quer deixar o outro sentindo-se culpado.

Paulo ficou sério e respondeu: "Só falarei, se receber um sinal".

O jornalista, tentando conseguir ao menos uma migalha para escrever um pequeno artigo sobre aquele encontro, disse provocante: "E não poderia ser eu esse sinal?". Porém, vendo que não estava conseguindo nada, insistiu: "O santuário de Nhá Chica é indicado como um lugar de milagres... Para você, o que é um milagre?".

Coelho refletiu um pouco e disse: "O que é milagre para mim?... As definições podem ser tantas, como, por exemplo, algo que vá de encontro às leis da natureza, uma interferência num momento de profunda crise... algo cientificamente impossível. E eu poderia ficar aqui fazendo uma longa lista. Tenho, porém, uma definição própria: milagre é aquilo que preenche o nosso coração com paz. Às vezes se manifesta sob a forma de cura, de um desejo satisfeito... não importa. O resultado é que, quando acontece um milagre, sentimos em nosso coração um profundo reconhecimento pela graça que Deus nos concedeu. É suficiente assim para você?".

E, se despedindo, dirigiu-se para o automóvel e partiu. Chegando a uma floricultura, desceu, comprou três rosas: duas vermelhas e uma branca, e prosseguiu para Baependi.

No caminho voltaram à mente as imagens de quando era *hippie* e a irmã, improvisadamente, pedira-lhe que fosse padrinho de sua filha. Quanto tempo já havia passado... 20 anos! Mas aquele batismo não tinha acontecido logo, ao contrário, tinha passado tanto tempo que ele começara a duvidar de que a irmã ainda o quisesse como padrinho, quando ouviu: "É você ainda o padrinho. Fiz uma promessa para Nhá Chica e quero batizá-la em Baependi, porque recebi uma graça". Ele a fitara com os olhos arregalados: "Baependi? E onde fica isso? E por que essa Nhá Chica? Uma santa... uma Nossa Senhora?". Finalmente, em 1978, foi ao batismo em Baependi. Não estava se importando com nada, não acreditava em nada, estava naquela igreja só para cumprir com um dever... social.

A mente, deixada livre, vagava por tantas coisas que pareciam enterradas. Lembrou-se de como a espera pelo batismo o tinha levado a matar o tempo passeando ao redor da igreja, e que havia entrado na humilde casinha de Nhá Chica: dois cômodos, um pequeno altar, algumas imagens de santos e um vaso com duas rosas vermelhas e uma branca. Duas rosas vermelhas e uma branca!

Seguindo um impulso estranho, quase como um desafio, que somente agora passados tantos anos tinha explicação, fez um pedido: "Se um dia conseguir me tornar o escritor que quero ser, famoso não só no Brasil, mas no mundo inteiro, voltarei aqui quando fizer 50 anos e lhe trarei duas rosas vermelhas e uma branca".

Enquanto continuava a dirigir, tocou em um bolso das calças e sorriu: estava ali, sempre estivera ali! Para se lembrar do batismo e do pedido, tinha comprado uma pequena imagem de Nhá Chica e a tinha posto no bolso.

Inspirou profundamente quando surgiu em sua mente a imagem daquele dia em que, voltando para o Rio, um ônibus tinha freado repentinamente e, ele, para evitar uma colisão, tinha desviado o automóvel... o cunhado que o seguia fizera o mesmo, mas um outro carro que vinha atrás bateu em todos e explodiu. Que tragédia! Gritos... fogo... e vários mortos! Ele, a salvo, no acostamento da estrada, tinha procurado no bolso um cigarro e, em vez disso, tirara aquela pequena imagem de Nhá Chica. Havia considerado isso uma mensagem silenciosa de sua proteção... Passaram-se os anos, chegara o aniversário de 50 anos e ele já era famoso no mundo inteiro! Mas nunca se tinha esquecido das três rosas.

As lembranças o tinham distraído a ponto de já se encontrar na frente da matriz de Baependi, sem ter percebido. Estacionou o automóvel no mesmo lugar onde há tantos o tinha feito e começou a subir a ladeira, alcançando sossegado a porta da casinha de Nhá Chica.

Estava quase entrando, quando uma jovem saiu de uma loja de roupas e lhe disse: "Vi que o seu livro *Maktub* é dedicado a Nhá Chica. Garanto que ela ficou contente". E não disse mais nada.

Paulo entrou e colocou as rosas no pequeno altar, contente por ter recebido o sinal que estava esperando. Naquele instante compreendeu que devia dar um testemunho público de sua relação privilegiada e escreveu *As três rosas de Nhá Chica e o milagre do hippie que se tornou artista*.

Notas bibliográficas

A fonte deste pequeno capítulo é algo escrito por Paulo Coelho com o título "As três rosas de Nhá Chica e o milagre do *hippie* que se tornou artista", publicado pelo *Corriere della Sera*, em 17 de julho de 2002, p. 31, que foi depois republicado em *Ser como o rio que flui. Relatos (1998-2005)*, Editora Agir, 2006: Nhá Chica de Baependi.

Transcrevemos o texto inteiro de Paulo Coelho para enfatizar como ele e muitos outros ficaram impressionados com a pobreza e a caridade de Nhá Chica. Entretanto, é importante ter presente desde já que a pobreza foi uma escolha de vida da anciã e, portanto, ainda mais admirável. "Fui pobre por escolha e não por condição", este aspecto foi evidenciado na Positio (BD, 89) e retomado sucessivamente em todas as publicações científicas (Biografia 2001, 45; *Anais 1*, em conclusões da "Palestra de Maria José Turri Nicoliello").

III
A ROSA

A história começa com uma mulher africana que se chama Rosa. Foi capturada em Angola, perto da cidade de São Felipe de Benguela, amontoada com tantos outros pobres infelizes num navio português e trazida para o Brasil. No grande mercado do Rio de Janeiro, foi comprada no atacado por um dos tantos traficantes e revendida no leilão do mercado de São João del-Rei, na época capital da comarca de Minas Gerais. Ali foi comprada por um fazendeiro, um certo Custódio Ferreira Braga, que morava no bairro de Cajuru.

Cajuru era uma zona essencialmente agrícola de São João del-Rei, que fazia divisa com outro local mais antigo, chamado Santo Antônio do Rio das Mortes.

No domingo de 13 de outubro de 1782, na capela do bairro dedicada a São Miguel, que dependia da paróquia de Nossa Senhora do Pilar de São João del-Rei, depois da celebração da missa, o reverendo capelão Gonçalo Ribeiro Britto batizou uma menina de nome Izabel, filha de Rosa e, talvez, de seu patrão, como costumava acontecer. Hoje se diria que Rosa tinha se tornado uma menina-mãe, porém, escrava.

Izabel teve como padrinhos dois mulatos, Quintino e Faustina, que também não eram casados, escravos de dona Quitéria Correa de Almeida.

Dona Quitéria era uma carioca casada com o português Lourenço Ribeiro Britto, que tinha uma grande fazenda em cujas terras se encontrava a capela de São Miguel do Cajuru.

45

E o tempo passou devagar. Izabel tornou-se uma bela mulata e passou a despertar o interesse dos homens, sobretudo dos senhores daquelas terras. Era comum que muito cedo as mulheres, as escravas e mesmo as mulheres legítimas, começassem a gerar filhos para seus senhores. Em 1803, com pouco mais de vinte anos, Izabel teve um filho, Teotônio, que foi reconhecido pelo pai, de família abastada, e que lhe deu também um sobrenome. A essa altura, Izabel não era mais escrava e gozava da liberdade dos que foram alforriados.

Mais tarde, Izabel foi trabalhar para a família Alves, que possuía uma fazenda perto daquela de Cuiabá, dos Gonçalves Vilela, razão pela qual o bairro era chamado de "Porteira dos Vilelas", nas terras de Santo Antônio do Rio das Mortes Pequeno.

Santo Antônio surgia próximo ao afluente do Rio das Mortes e, por isso, era chamado de pequeno. O rio, ainda antes da Guerra dos Emboabas, tinha visto suas águas se tingirem de sangue de muitos homens, brancos e índios. Não porque tivesse havido um confronto entre os indígenas e os brancos, mas por um "simples" combate entre brancos que se mataram a tiros de canhão pela posse de índios capturados na montanha. E a carnificina foi tanta que se perpetuou na memória, chamando-se o rio e seu afluente de Rio das Mortes.

Em 1808, Izabel teve uma menina. Não há registro de quem era o pai, tampouco sabe-se o motivo pelo qual somente em 26 de abril de 1810, quinta-feira da oitava de Páscoa, a criança foi batizada na Capela de Santo Antônio do Rio das Mortes Pequeno. Seu padrinho foi Ângelo Alves e a menina foi chamada de Francisca, o mesmo nome da madrinha, Francisca Maria Rodrigues.

Ângelo e Francisca eram filhos de um mesmo pai, o fazendeiro Pascoal Alves Ferreira Rodrigues, e de mães diferentes: ele, filho legítimo, da mulher Josefa Ferreira Barreto; ela, ao contrário, filha natural, porque nascida de Ana Páscoa, uma liberta.

Em 1814, o Arraial de Santa Maria de Baependi foi elevado à categoria de Vila. Essa mudança político-administrativa foi ocasião de novas oportunidades, atraindo mais pessoas para a região. Izabel tinha ali alguns parentes e conhecidos, que se estabeleceram na região por conta do trabalho. Também a família do lado paterno de Teotônio tinha influências na nova vila. Assim, viu-se encorajada a mudar-se para Baependi com os filhos. Passaram a morar em uma pequena chácara na parte alta da cidade, no bairro de Cavaco, por onde passava a Rua das Cavalhadas.

Tinha começado uma vida nova para Izabel, porque não estava mais a serviço de ninguém e podia viver de seu trabalho numa casa própria. Teotônio seguiu o caminho dos estudos e, além disso, convivia bastante com sua outra família, da qual também fazia parte uma irmã, Maria Joaquina, filha de seu pai. A pequena Francisca, enquanto isso, crescia ajudando a mãe no trabalho. A atmosfera que se respirava naquela casa era a de uma vida cristã vivida na caridade para com aqueles que passavam necessidades, sob o olhar amoroso de uma pequena imagem de Nossa Senhora da Conceição que haviam trazido de Santo Antônio do Rio das Mortes Pequeno. A prece e o trabalho pareciam marcar suas vidas. Francisca, nos intervalos do trabalho, começou a montar um rosário de grãos bem grandes. Quando começava a cantar o "Salve, Rainha", comovia-se tanto que chorava. Era uma prece que fazia vibrar todas as cordas de seus sentimentos.

Um dia, porém, Izabel ficou doente. Tendo os cuidados amorosos da filha, Teotônio se esforçou de todas as maneiras, mas não houve muito o que fazer. Sentindo a morte chegar, a mulher começou a ter um pensamento fixo, que repetia à menina: "Francisca, minha filha, não seja de nenhum homem... não se case... somente assim poderá praticar melhor a caridade para com aqueles que precisam... desse modo vai preservar e alimentar a sua fé".

E em 1818, com apenas 36 anos, Izabel morreu. Francisca, então, ficou órfã aos 10 anos de idade.

"Agora você vem morar comigo na Rua do Comércio", disse Teotônio à irmã.

Francisca o fitou demoradamente e, depois, abanando a cabeça negativamente, disse: "Eu o agradeço, meu querido irmão, mas devo ficar aqui".

"Aqui? Sozinha?... Viver aqui em cima, isolada... Você pode correr perigo... lembre-se de que não é mais uma menininha!"

"Não tenho medo! Tenho comigo minha Sinhá... ela me protegerá... aqui tenho tantas coisas para fazer...", ela respondeu.

"Pode fazer essas coisas também na minha casa... Não falta espaço e, depois, além de tudo, ficarei mais tranquilo."

Francisca o acariciou docemente: "Sei que me quer bem e que se preocupa comigo, mas já digo a você que não quero me casar... mamãe me recomendou assim, quando estava à morte, e eu lhe prometi".

"E o que vai fazer?"

"Vou trabalhar, rezar e me ocupar com quem passa necessidades... se for lá para baixo com você, não serei livre para fazer essas coisas do jeito que quero... me sentiria presa" e, sorrindo envergonhada, continuou: "Não creio também que você fosse gostar de ter diante da porta uns pobres desgraçados... Nossas escolhas de vida são diferentes. Você deve seguir o seu caminho e eu o meu... Devemos nos amar, não nos atrapalhar".

Foi assim que Teotônio descobriu que tinha uma irmã sábia e mais madura do que pudesse imaginar e, depois de ter refletido um pouco, disse: "Aceite pelo menos que venha ficar com você o jovem Felix, ele trabalhará para você... é novo, mas já consegue dar conta de muitas tarefas e, acima de tudo, pode contar com ele. É forte. Desse modo ficarei mais tranquilo".

Foi naquele momento que se iniciou o crescimento dos dois irmãos: Teotônio, percorrendo o caminho do sucesso social e econômico, composto de compromissos oficiais, vitórias e dinheiro; Francisca, ao contrário, empreendendo uma vida humanamente insignificante de silêncio, pobreza e serviço para com aqueles que têm menos valor para a sociedade.

De fato, Teotônio, logo que atingiu a idade mínima, foi escolhido como juiz de Vintena da Aplicação de Santo Antônio de Piracicaba, um distrito de Baependi. Em 1824, depois de terminado o mandato, teve-o renovado pelo juiz presidente do município. Sua preparação e o empenho demonstrado tinham levado a essa exceção.

Enquanto isso Francisca crescia também em beleza e idade e, inevitavelmente, embora levasse uma vida recolhida, alguns jovens começaram a se aproximar para namorá-la. No início ela fingia não perceber, porém, quando se tornava claro e premente, dizia: "Meu irmão, não nasci para o casamento... Quero me dedicar ao trabalho e à prece".

Quando o interessado não se rendia e tentava persuadi--la dizendo que, como mãe de família, não lhe faltaria trabalho e ninguém a impediria de rezar, Francisca argumentava de forma a não haver muita saída: "Tenho uma missão para cumprir!", dizia candidamente.

Sabe-se que a insistência pode levar à exasperação e, portanto, ao afastamento indelicado ou até mesmo violento, mas Francisca nunca agiu assim porque achava que a caridade cristã devia ser exercida a começar com esse próximo "chato", e, assim, não se mostrava aborrecida. Tudo ao contrário...

"Se quiser posso ser uma grande amiga, mas nada mais do que isso. Posso ficar perto de você através de minhas preces constantes", dizia com doçura a qualquer desses pretendentes.

Alguns não se tinham conformado e recorriam a Teotônio, pedindo sua intervenção, mas o jovem dava de ombros: "Eu não posso ajudá-lo! Devo respeitar a vontade de minha irmã", dizia omitindo-se.

O cortejador no fim recebia da jovem uma resposta gentil, mas firme: "Sua insistência é inútil, sinto muito... Mas saiba que fico profundamente grata por sua insistência".

E diante da surpresa do interessado, acrescentava uma explicação: "É verdade, sou-lhe grata, porque a sua insistência demonstra boas intenções... o amor que sente pela minha pobre pessoa... por isso ficarei perto de você com minhas preces... vou lhe demonstrar minha gratidão por toda a vida".

Francisca secretamente disciplinava o corpo e a mente, jejuando três vezes por semana: às segundas, quartas e sextas--feiras, mas também nos outros dias comia muito pouco. Quando podia fazer a comunhão, ficava o dia todo sem se alimentar. Dormia num catre sem colchão, e chamava seu quarto, onde tinha feito um pequeno altar com a estátua da Virgem, de "a minha cela".

Pouco a pouco, as pessoas começaram a notar essa jovem de caráter fechado, embora sempre alegre, muito feliz, bondosa, que rezava, cantava, dava conselhos. Vestia-se com simplicidade e fora de casa sempre usava um grande lenço que lhe cobria a cabeça e o colo. Vestia um casaco e sempre levava um guarda-chuva.

Nunca usou o fino vestido que o irmão Teotônio tinha--lhe dado de presente.

Sempre trazia o rosário nas mãos e, quando tinha que trabalhar, enrolava-o no braço direito. Era vista cuidando dos animais no quintal, capinando na horta, lavando, tecendo e cozinhando. Com os produtos de suas terras e do galinheiro, cozinhava para as pessoas que vinham a sua porta com a certeza de que sempre encontrariam alguma coisa para comer.

Nunca levou em consideração a ideia de aprender a ler e escrever, mas gostava muito de ouvir as Escrituras lidas por outras pessoas. Logo que ficava sabendo que um menino ou menina tinha aprendido a ler, dizia brincando: "Então, venha se exercitar um pouco", e oferecia o livro das Sagradas Escrituras e se sentava perto para escutar. No fim sempre aplaudia, dava os parabéns e também biscoitos. Foi assim que logo, e principalmente as meninas, começaram a competir entre si para ir à casa dela e ler algum trecho da Bíblia, porque depois podiam confidenciar-se e receber conselhos.

A porta de sua casa começou a ficar sempre entreaberta de dia. Somente uma vez por semana, nas quartas-feiras, ficava fechada e Francisca não recebia ninguém. Havia uma razão. Levando ao pé da letra o conselho evangélico de não se preocupar com o que vestir, usava só um vestido. Às quartas-feiras jejuava e vestia um saco para penitenciar-se, e lavava as roupas que usava diariamente.

Notas bibliográficas

Com relação às informações histórico-geográficas, ativemo-nos a Waldemar de Almeida Barbosa, Belo Horizonte, Promoção-da-Família Editora, [1968] e à Positio, BD, 61-64. Emboabas (aqueles que desembarcaram do último navio) era o termo com o qual os mestiços paulistas chamavam os portugueses desembarcados recentemente que encontravam nos altiplanos de Minas Gerais em busca de ouro e diamantes. A rivalidade emboabas-paulistas degenerou no fim de 1708 em uma guerra civil chamada por isso mesmo de "Guerra dos emboabas", conforme P. Chaunu, *A L'America e le Americhe*.

Storia di um continente [América e as Américas. História de um continente], Bari, Edizioni Dedalo, 1984, 475. Segundo o *Dicionário Histórico-Geográfico* já existia antes dessa guerra esse apelido de Rio das Mortes.

A respeito da escravidão no Brasil, e em Minas Gerais em particular, lemos com proveito a Positio, BD, 16-31, ver também Cl. Moura, *Dicionário da Escravidão Negra no Brasil*, Edusp, 2004. Sobre São João del-Rei e Baependi, são muito precisos e documentados "São João del-Rei. Contexto histórico-religioso. Santo Antônio do Rio das Mortes. Nascimento de Nhá Chica", de Antonio Gaio Sobrinho, e "Francisca de Paula de Jesus em Baependi", de Maria José Turri Nicoliello, em *Anais 1*.

As informações relativas à família de Nhá Chica são deduzíveis essencialmente de duas certidões de batismo. A certidão de batismo de Izabel, mãe de Nhá Chica, que se encontra no Registro de Batismos, Livro II, 1780-1784, fls. 190, do arquivo da paróquia de Nossa Senhora do Pilar de São João del-Rei, e que diz: "Aos treze de outubro de mil setecentos e oitenta e dois na capella do Cajuru filial desta Matriz o Reverendo Capellão Gonçalo Ribeiro Britto batizou e poz os santos oleos a Izabel filha de Rosa Banguela, solteira, escrava de Costodeo Ferreira Braga. Forão padrinho Quintino e Faustina pardos, solteiros, escravos de Dona Quitéria Correa de Almeida todos desta freguezia. Coadj. Joaquim Pinto da Silveira" (Positio, BD, 69-70; Biografia 2001, 26).

Portanto, Izabel é filha de Rosa, que veio da cidade de Benguela (antiga São Felipe de Benguela), em Angola – um dos portos mais importantes usados pelos portugueses para trazer escravos direcionados ao Brasil – escrava de Costodeo

Ferreira Braga, que morava na localidade de Cajuru, que fazia divisa com o Rio das Mortes, subordinada administrativamente a São João del-Rei. A capela era aquela de São Miguel do Cajuru, dependente da paróquia de Nossa Senhora do Pilar de São João del-Rei. Essa capela ficava perto ou até mesmo na fazenda de dona Quitéria Correa de Almeida. Dona Quitéria era uma "filha legítima de Joam de Almeida Silva e de Luiza Correa, natural da freguesia de Nossa Senhora da Candelária, do Rio de Janeiro", que em 27 de fevereiro de 1737 tinha se casado na matriz de Nossa Senhora de Pilar de São João del-Rei, com o tenente Lourenço Ribeyro Britto (nascido em 1698), "filho legítimo de Joam Ribeyro e de Domingas Vieyra, natural da freguesia de Sam Joam de Britto, termo da Villa de [Guimaraens] e arcebispado de Braga". Alguns de seus nove filhos foram batizados nessa capela (ver Regina Moraes Junqueira, Ribeiro de Brito, 29/06/2011, em "Projeto Compartilhar", Coordenação de Bartyra Sette e Regina Moraes Junqueira).

Levando em conta os traços e a cor da pele de Nhá Chica – "morena" a define Monat (p. 95, Entrevista, 19), de "pele morena, cabelos lisos", disse Maria do Carmo Jerônimo (Positio, *Summ.*, 49, 50), e Sá Regina contava que "era mulata, alta, com mais ou menos 1,60 m" (Positio, *Summ.*, 123) – enquanto a mãe Izabel devia ser mulata, portanto Izabel provavelmente era filha do proprietário ou de outro escravo mulato.

Izabel presumivelmente teria atraído a atenção de um membro da família Pereira do Amaral e terá acontecido algo semelhante ao que se lê no testamento do capitão Manoel Pereira do Amaral, lavrado em São João del-Rei, em 17/10/1770: "Declaro que sou casado em face a Igreja com

Ana Maria do Nascimento, de cujo matrimônio tenho seis filhos", e depois vem uma passagem importante:

> Declaro que em solteiro tive trato ilícito com Ana Veigas, mulher parda, moradora nesta dita vila e nesse tempo parindo os filhos, um por nome João e outro Francisco e houve fama serem meus filhos, de que não tenho ciência certa e no caso que se habilitem como tais sucederem na forma que o Direito permite.

Na certidão de batismo do filho natural João Pereira do Amaral consta:

> Aos cinco dias do mês de julho de mil setecentos e quarenta e cinco anos, nesta Paróquia de São João del-Rei o Padre Manuel da Fonseca, segundo coadjutor desta mesma paróquia, batizou e pos os santos óleos a João mulato, filho de Ana Viegas [de Menezes] parda forra, solteira. Foram padrinhos Antonio da Silva pardo forro e Angela Vieira parda escrava de Francisco de Mendonça e estes todos desta freguesia de que tudo fiz este assento o coadjutor Miguel de Castilho e Goes (Arquivado no Museu Regional de São João del-Rei, na caixa 474, fls. 15rv).

Provavelmente Izabel foi libertada – como tinha sido feito com Ana Veigas – e desse homem, pertencente à família Pereira do Amaral, teve o filho Teotônio, que fora reconhecido pelo pai, pois recebeu seu sobrenome. Teotônio, de fato, escreveu em seu testamento: "Sou filho natural de Izabel Maria da Apresentação", em seguida acrescentou a informação de ter uma irmã de mesmo pai:

> Deixo a minha irmam Maria Joaquim, casada com Joam Garcia, morador no Paiol Termo da Villa de Ayuruoca, a quantia de quatro-centos mil réis, quantia esta que ser-lhe-á entregue pessoalmente; e no caso de ter fallecido, ou fallecer, passará a seus filhos, e nella nam terá meação a seu marido (inventário e testamento do

tenente Teotônio Pereira do Amaral, 11 de maio de 1861, Arquivo Judiciário da Comarca de Baependi; Positio, BD, 74-75).

A confirmação de que Izabel não fosse mais escrava, como já dissemos, está na própria certidão de batismo de Francisca de Paula de Jesus (Nhá Chica), na qual se lê:

Francisca, aos vinte e seis de abril de mil e oito centos e dez, na Capella de Santo Antônio do Rio das Mortes Pequeno, Fillia desta Matris de São João del Rey, de licença o Reverendo Joaquim Jozé Alves baptizou e pos os Sanctos oleos a Francisca filha natural de Izabel Maria, e forão padrinhos Angelo Alves e Francisca Maria Rodrigues todos daquella applicação. O coadjutor Manoel Antonio de Castro (Livro 1801-1818, fls. 300 v, do arquivo da Paróquia de Nossa Senhora de Pilar de São João del-Rei; Positio, BD, 68-69).

Izabel, na verdade, não é qualificada como escrava nem como pertencendo a alguém; além disso, são seus padrinhos dois proprietários: o branco Ângelo Alves e a mulata Francisca Maria Rodrigues. Porém, antes de entrar nos méritos dessas duas figuras, vejamos como foi identificado com precisão o local onde nasceu Nhá Chica. Por ocasião do inquérito diocesano, foi concedida a seguinte declaração por Monsenhor Almir de Rezende Aquino, estudioso e membro de várias instituições científicas:

"Solicitado, na qualidade de ex-pároco da Matriz de Nossa Senhora do Pilar de São João del-Rei (1948-1960), Arquidiocese de Mariana, Minas Gerais; de (1960-1967), já constituída Diocese, sobre o lugar de nascimento e da infância da Serva de Deus, Francisca de Paula de Jesus Izabel-Nhá Chica, registro o que pude saber de longa data, desde 1948. O lugar do nascimento e da infância de Nhá Chica pertence à antiga Capela Filial de Santo Antônio do Rio das Mortes Pequeno, afluente do Rio das Mortes, à sua margem direita e a Serra do Lenheiro. Meu saudoso e venerando Pai Oscar Gonçalves de Aquino, filho de Saturnino André de Aquino e de Cândida Maria da Silva, nascido em 11 de agosto de 1873, na Fazenda de Cuiabá, de propriedade de seus avós Manoel Gonçalves Vilela e Maria Rita de Cássia, foi ele criado desde os dez anos de idade no lugar onde consta ter nascido e criado a Nhá Chica, denominado "Porteira dos Vilelas". Ele se lembrava do nome dela (Nhá Chica) e de sua gente que soubera ser aparentado sem melhores conhecimentos de sua genealogia. Ficava esta pequena fazenda na descida do Morro do Cascalho rumo ao caminho do Tejuco, entrada para a Vila de São João del-Rei (1713). Até hoje, esses sítios são conhecidos como Porteira dos Vilelas. Pessoas mais antigas do lugar tentam localizar a casa da Nhá Chica, onde hoje, na superfície, não há vestígios de alicerce. Na mesma área, outrora pertencente à família de meu Pai, neto de Manoel Gonçalves Vilela e Maria Rita de Cássia, hoje é um parque industrial da firma Bozel, de empresários franceses. Para melhores esclarecimentos, deixo aos pesquisadores da história da capela rural de Santo Antônio do Rio das Mortes (Pequeno) e de genealogia nos arquivos dos antigos cartórios que se acham nos acervos do Museu do Patrimônio Histórico e Nacional, à Praça Severiano de Rezende da cidade de São João del-Rei. Mons. Almir de Rezende Aquino, Belo Horizonte, 28 de outubro de 1998, data de S. Simão e S. Judas Apóstolos (Positio, BD, 68-69).

Antônio Gaio Sobrinho, no artigo "São João del-Rei: Contexto histórico-religioso. Santo Antônio do Rio das Mortes. Nascimento de Nhá Chica" (*Anais 1*), confirmou que "no distrito são-joanense de Santo Antônio do Rio das Mortes Pequeno, no local denominado Sítio do Atalho, onde ocorrem também nomes como Morro do Cascalho e Porteira dos Vilelas, nasceu aquela que ora comemoramos". Naquela ocasião o mesmo autor apresentou uma hipótese interessante – retomada alguns anos mais tarde por J. A. Sacramento de Ávila, "Nhá Chica, a 'santa' do Rio das Mortes, *Revista da Academia de Letras de São João del-Rei*, ano 2006, pp. 141-161 – sobre a paternidade de Nhá Chica.

Ele sustenta que na mesma localidade em que nasceu Nhá Chica, não muito longe da Estrada Real (caminho velho), na época existia uma fazenda na qual por duas vezes (1819 e 1823) se hospedou o naturalista francês August de Saint-Hilaire, que escreveu:

> Depois de me ter despedido de meu velho hospedeiro, o Sr. Anjo, de sua filha, D. Rita, e de sua companheira, D. Isabel, eu me pus a caminho. O velho Anjo chorou ao me abraçar, e todos exprimiram o seu pesar com a minha partida. Anjo devia ter uns setenta anos, mas era muito ativo, e falava, ria e resmungava muito. Contudo, a todo instante dava provas da bondade de seu coração (August de Saint-Hilaire, *Viagem às nascentes do Rio São Francisco*, trad. R. Régis Junqueira, São Paulo, Livraria Itatiaia Editora, 1975, p. 79).

Segundo Antônio Gaio Sobrinho:

> esse Anjo é o mesmo Ângelo Alves, que apadrinhou Nhá Chica, e cujo nome por inteiro, como consta de seu testamento e inventário, era Ângelo Alves Ferreira Rodrigues. Era filho de Pascoal Alves Ferreira Rodrigues e Josefa Ferreira Barreto, que lhe deixaram por herança uma parte de sua fazenda na estrada do Rio das Mortes Pequeno, aplicação de Santo Antônio, termo da freguesia da Vila de São João del-Rei. Ângelo morreu solteiro, sem nunca ter sido casado, em 13 de maio de 1823, deixando como sua testamenteira e inventariante a única filha Rita Maria Ferreira, nascida de sua companheira Isabel Batista. Rita já havia falecido, também solteira e sem herdeiros, quando sua mãe morreu em 1839.

Assim, quando Saint-Hilaire passou pela segunda vez em São João del-Rei, em 1822, escreveu: "O Anjo e suas duas mulatas parecem rever-me comovidos" (Augusto de Saint-Hilaire, *Segunda viagem do Rio de Janeiro a Minas*

Gerais e São Paulo, trad. Vivaldi Moreira, São Paulo/BH, Itatiaia/Edusp, 1974).

Antônio Gaio Sobrinho encerra o quadro de reconstituição de sua hipótese dizendo:

> Destas considerações, levanto a hipótese de que Nhá Chica e sua mãe, Izabel Maria, tenham sido escravas de seu padrinho, Ângelo, e se mudado do Rio das Mortes para Baependi, após a morte dele, em 1823. Nem seria impossível que Ângelo tenha sido o verdadeiro pai de Nhá Chica, pois, frequentemente os senhores brancos, donos de escravos, costumavam ter filhos com algumas de suas escravas. E, como não pudessem ou não quisessem assumir a paternidade, aceitavam, às vezes, por bondade, fazerem-se seus protetores na qualidade de padrinhos. E bondoso parece que Ângelo era, pois assim o afirma Saint-Hilaire (*Anais 1*).

Como já se disse, a hipótese é interessante, mas os curadores de *Anais* tinham observado numa nota que:

> Esta hipótese não se sustenta porque, conforme disse Nhá Chica na entrevista ao doutor Henrique Monat, ela nasceu em 1808 e veio para Baependi com 10 anos de idade, portanto, em 1818. (Apesar de sua certidão de batismo ser de 1810, seu nascimento ocorreu em 1808. O fato de levar um ano para ser batizada deve-se à escravidão.) Saint-Hilaire esteve no Rio das Mortes em 1819, um ano após a vinda da família para Baependi. Doutor Henrique Monat, *Caxambu*, 1894, p. 93.

Portanto, a Isabel que coabitava com Ângelo Alves não pode ser considerada a Izabel Maria, mãe de Nhá Chica. Para melhor confirmar que a Isabel de Ângelo Alves não era a mãe de Nhá Chica, existe o fato de que, como veremos, tinha-se transferido com os filhos para Baependi ainda antes de 1818. Isto não exclui, todavia, que seja esse Ângelo Alves o pai natural de Nhá Chica.

Em resumo, sabemos que, em 13 de outubro de 1782, Izabel Maria, filha da escrava Rosa Benguela, foi batizada e, como a mãe, é escrava de Costodeo Ferreira Braga, da zona de Cajuru. Provavelmente Izabel tinha sido vendida à família Pereira do Amaral, de São João del-Rei, e teve o filho Teotônio de um membro dessa família, em 1803. Nesse período deve ter sido libertada e poderia ter começado a trabalhar para Ângelo Alves em Santo Antônio do Rio das Mortes Pequeno, no bairro chamado Porteira dos Vilelas, onde em 1808 teve Francisca (Nhá Chica), que foi batizada em 26 de abril de 1810.

Quanto à madrinha de Nhá Chica, Francisca Maria Rodrigues, era filha natural de Ana Páscoa, que morava nos arredores do Rio das Mortes, "também em terras que antes pertenceram a Pascoal Alves Ferreira Rodrigues, e morreu sem filhos nem herdeiros no dia 7 de março de 1827". Era irmã por parte de pai de Ângelo Alves.

Com relação à discrepância nas datas de nascimento: Nhá Chica disse ao doutor Monat que tinha nascido em 1808 (Monat, 94, Entrevista, 17), embora a certidão de batismo seja de 1810, como já mencionado várias vezes. Devido ao fato de que normalmente a certidão de batismo equivalia a uma certidão de nascimento, considerou-se 1810 como o ano de nascimento. Todavia, a Positio (BD), a Biografia 2001 (77), os Anais 1 tendem a aceitar 1808 como a data do nascimento e 1810 como a do batismo; nós aceitamos totalmente essa datação cronológica, acrescentando uma consideração: a anciã é muito precisa em suas lembranças e, portanto, se recordava 1808, essa é a data certa.

Teotônio certamente foi direcionado para os estudos. O desenvolvimento econômico tinha causado, em 1814, a elevação do Arraial de Santa Maria de Baependi à categoria de vila, com incorporação

> das freguesias de Pouso Alto e Aiuruoca. A localidade passou a contar com prerrogativas e privilégios de que eram dotadas as demais vilas. O território abrangia vasta circunscrição, se confrontando nos seguintes limites: ao norte com São João del-Rei pelo Rio Grande; ao sul, com as Províncias do Rio de Janeiro e São Paulo, pela Serra da Mantiqueira; a leste, com São João del-Rei e Barbacena, pelo mesmo Rio Grande; e a oeste, com a Vila da Campanha e parte de São João del-Rei, pela Serra de Carrancas e uma linha até a Mantiqueira (Turri Nicoliello, *Anais 1*).

Essa promoção provocou a chegada de homens a Baependi que deviam ocupar as estruturas político-administrativas necessárias, devido à nova realidade. Provavelmente, tendo em vista uma futura carreira de Teotônio, sua família pelo lado paterno tenha estimulado a vinda de Izabel para Baependi. Essa transferência pode ter acontecido em torno de 1814, correspondendo plenamente à expressão que o doutor Monat escreveu com base em informações diretas de Nhá Chica: "Veio pequena para Baependi" (Monat, 94, Entrevista, 17).

Izabel Maria tinha comprado uma pequena chácara na parte alta da cidade, no bairro de Cavaco, onde passava a Rua das Cavalhadas. De fato, na tradição oral (ver Positio, *Summ.*, 68, 88, 94, ver 112) consta essa informação de compra, que inclusive encontra confirmação no testamento de Teotônio, quando ele fala do terreno que possui naquele bairro, confinando com a propriedade da irmã Francisca (Positio, BD, 76-77). Como foram adquiridos o terreno e a casa? Provavelmente com a ajuda de Alves e uma contribuição direta da família Pereira do Amaral. Todavia, que a propriedade tenha sido de Izabel se deduz também do fato de que Teotônio, depois da morte da mãe, foi herdeiro de uma parte da casa: "Uma parte na casa da herdeira dona Francisca e que era do finado inventariado", como especificado em seu testamento (Positio, BD, 77).

Izabel morre em 1818, quando Nhá Chica tinha 10 anos. De fato, a menina já morava em Baependi, "onde se viu órfã na idade de 10 anos" (Monat, 94, Entrevista, 17).

A propósito da escolha de vida de Nhá Chica, o doutor Monat anotou: "Morrendo, sua mãe lhe recomendara a vida solitária, para melhor praticar a caridade e conservar a fé cristã" (Monat, 94; Entrevista, 17).

Teotônio tenta convencer a irmã a ir viver com ele na Rua do Comércio, mas ela prefere permanecer só na casa. O doutor Monat escreveu: "Seguindo esse conselho [isto é, o de não se casar], ela não deixou a casa onde vivia, recusando o convite do irmão que a chamava para sua companhia. Cresceu isolada do mundo que a cercava, dedicando-se à caridade e à fé" (Monat, 94; Entrevista, 17). É difícil estabelecer em que ano o escravo Felix, nascido em 1813 (ver certidão de óbito: Positio, BD, 79), foi doado por Teotônio, se ainda era viva a mãe ou depois de sua morte. De qualquer maneira, Nhá Chica o alforriou.

Três anos depois, em 1823, com 19 anos completos, começa a carreira de Teotônio: tendo os requisitos necessários, foi nomeado juiz de vintena pela Câmara de Baependi e, em 1824, confirmado para mais um ano:

Registro da Prov.m. passada a Theotonio Pereira do Amaral em 19 de janeiro de 1824 para continuar na serventia do emprego de Juiz da Vintena da Aplicaçam de S. Antonio de Piracicaba. O Juiz Presidente (ilegível) da Câmara que servimos o presente anno por eliçam de Pilouros (?) na forma da Ley. Fazemos saber aos que apresenta Provizam vir em que attendendo a se achar finda a Provizam com que tem servido Theotonio Pereira do Amaral o emprego de Juiz da Vintena da Applicaçam de S. Antonio de Piracicaba desta freguezia e Termo e a necessidade que há de se prover a mesma emprego [...] pela falta que há officiaes de Justiça nesta Villa para o prompto cumprimento das diligencias tanto da Fazenda Pública como de pastas, cuja falta diariamente experimenta, concorrido na pessoa do mesmo Theotonio Pereira do Amaral os requizitos necessarios para o exercer uniformemente (ilegível) havemos por bem mandar que continue na serventia do mesmo citado emprego pelo tempo de hum anno, que correrá da data desta em diante (ilegível) nam mandaremos o contrário guardando em tudo o Serviço de Sua Majestade Imperial, que Deos Guarde o segrêdo a Justiça e o Direito as partes cumprindo em tudo com as obrigaçoens a que fica obrigado, recebendo os emolumentos que justamente lhe competirem, e servirá debaixo do juramento e pese o juramento que tem prestado. Dada e passada (ilegível) sinaes e Sello nesta Villa de Santa Maria de Baependy em Vinação (?) 19 de janeiro de 1824. Eu Alexandre Pinto de Aguiar Escrivam da Camara que a escrevi - (ilegível) o Sello - Manoel Dias Ferraz - Antonio Jose de Carvalho - Tristam Antonio da Silveira - Affonso Gomes Nogueira Freire - Jose Pereira Ramos de Mesquita - Provm. Que Vm. Mandaram passar a Theotonio Pereira do Amaral para continuar na serventia do emprego de Juiz da Vintena da Applicaçam de S. Antonio de Piracicaba por hum anno - Pa. Vm servem - Numero cento e trinta e cinco pagando Sello oitenta reis - Camara - Aguiar – Nada mais continha a dita Provizam que fielmente registrei de proprio a quem reporto. Villa de Santa Maria de Baependy Dezenove de Janeiro de mil oito centos vinte e quatro Terceiro da Independencia e do Imperio do

Brasil Eu Alexandre Pinto de Aguiar Escrivam da Camara que a escrevi e assigno Alexandre Pinto de Aguiar (Arquivo Público Municipal Prof. Themístocles C. da Rocha, Registro Geral da Câmara de Baependi, fls. 66; Positio, BD, 70-71; Biografia 2001, 28).

Para compreender o enquadramento do juiz de vintena no âmbito judicial brasileiro, transcrevemos um resumo de um estudo do sistema judiciário da época:

> Afora os tribunais, na segunda instância, o Judiciário, por ocasião da chegada de D. João VI ao Brasil, dispunha no primeiro grau de: "juiz de vintena", "juiz ordinário" e "juiz de fora". O primeiro, eleito pelas "vereações camarárias", pelo período de um ano, atuava em povoados com mais de vinte famílias, decidindo as causas cíveis verbalmente, sem direito a recurso; eram os juízes de paz que se subordinavam aos juízes de fora e julgavam pequenos litígios entre os moradores do lugar; não tinham competência na área criminal. Os primeiros juízes, denominados ordinários ou juízes da terra, não eram bacharéis, mas eleitos, anualmente, pela comunidade, entre os "homens bons" que soubessem ler e escrever e com algum conhecimento das leis locais, os forais; a indicação devia ser confirmada pelo Ouvidor; eles exerciam sua jurisdição nas pequenas circunscrições, juntamente com os vereadores. O julgamento poderia ocorrer sem a presença destes, a depender da alçada (Cardoso Antonio Pessoa, D. João VI e o Judiciário, *Jus Navigandi*, Teresina, Ano 13, n. 1726, 23 mar. 2008. Disponível em: <http://jus.uol.com.br/revista/texto/11082>).

Com respeito aos cortejadores da jovem Francisca, o doutor Monat escreveu:

> Rapazes de seu tempo pediram-na em casamento; recusou a todos, sem se mostrar contrariada; tornou-se até muito amiga do que mais insistia, grata pelas boas intenções. Tinha, porém, missão a cumprir" (Monat, 94; Entrevista, 17). O doutor Monat descreveu sua casa assim: "A mobília consta de seis cadeiras, dois bancos de pau, uma marquesa sem colchões nem lençóis. "É minha

cela", disse-me ela, "mas não durmo sempre aqui" (Monat, 94; Entrevista, 19).

Com relação ao jejum semanal, veja-se testemunhos em: Positio, *Summ.*, 132, 133. Quanto ao caráter e atividades, veja-se o que foi registrado na tradição oral pelas testemunhas em: Positio, *Summ.*, 49, 50, 53, 61, 63, 65, 123, 164; Pena, 5, 6, 15.

Achamos que o casaco e o guarda-chuva tenham sido um costume de Nhá Chica porque desde criança vira esse comportamento nas mulheres das famílias em que crescera. Segundo a moda europeia da época, as mulheres de certa condição social, ao saírem de casa, vestiam o casaco e levavam uma sombrinha. O chapeuzinho, no entanto, foi substituído por Nhá Chica por um lenço grande, com o qual cobria a cabeça e o colo, uma espécie de touca monacal.

Deixou um vestido fino que tinha para uma moça virgem (ver no Testamento, mais adiante).

Nas palavras e no comportamento pode-se observar que Nhá Chica possuía plena convicção de viver uma vida monástica na própria casa, mesmo que não se possa enquadrá-la nas várias formas de vida das "beatas", ver: Positio, BD, 52-57; R. Azzi, *A vida religiosa no Brasil*; enfoques históricos, São Paulo, Cehila/Paulus, 1983, p. 56-60.

As passagens evangélicas com relação ao vestuário estão em Mateus 6,25-34 e Lucas 12,23-28.

IV
A MÃE DOS POBRES

Quando, em janeiro de 1832, foi criado também em Baependi o corpo da Guarda Nacional do Império, em conformidade com a lei de 18 de agosto de 1831 do Ministro da Justiça, Padre Antônio Feijó, Teotônio Pereira do Amaral assumiu o grau de "tenente", título que conservará mesmo depois de sua baixa.

Naturalmente era de seu interesse, mas também dos confrades, tê-lo como membro e, assim, no ano seguinte passou a fazer parte do Conselho de Administração da Irmandade de Nossa Senhora da Boa Morte.

Naqueles anos todos Teotônio descobriu que não tinha muita habilidade política, embora tivesse sido vereador, mas era sobretudo um empreendedor; portanto, abriu uma empresa na Rua do Comércio, onde morava, e várias vezes concorreu em hastas públicas para conquistar a arrecadação dos impostos. Naturalmente isto incluía um constante aumento de seus bens, que constituíam uma garantia para o Estado.

Seu prestígio social crescia igualmente com o poder econômico que estava adquirindo na comunidade de Baependi. Em 1853, com 49 anos de idade, viu-se como membro também da Junta de Qualificação de Votantes da Paróquia de Baependi. Provavelmente, no ano seguinte, decidiu regularizar suas relações familiares e se casou na Igreja com dona Eliodora Maria de Jesus de Baependi.

Embora tivesse atingido alguns de seus objetivos, tornando-se um homem de renome, a irmã Francisca também gozava de igual fama. Uma fama certamente muito diversa, que ainda jovem lhe havia rendido um título muito "respeitoso": mãe dos pobres.

Isto porque à ajuda casual a quem batia a sua porta, o que foi constante durante toda a sua vida, tinha começado a organizar algo mais sistemático. Havia estabelecido que num certo dia da semana os pobres e necessitados do bairro de Cavaco deviam se reunir em sua casa para rezarem juntos para a Virgem da Conceição. Depois de ter rezado, Francisca lhes dava de comer e enchia tigelas, vasilhas e recipientes para levarem algo para casa.

Sua casa era como um grande lago que recebia águas de vários afluentes para depois distribuí-las; assim, num dia estava cheia de gêneros alimentícios de suas terras e de algumas pessoas caridosas que os traziam como esmola, e depois se esvaziava completamente preenchendo as mãos e o estômago de quem tinha necessidade.

Francisca tinha uma palavra de conforto, de consolo para todos, também a promessa da lembrança numa prece, mas o que começou pouco a pouco a impressionar foi a serenidade com que enfrentava qualquer situação.

Certo dia, bateu à porta uma mãe desesperada. Abraçava com força uma criança consumida pela febre.

"Dona Francisca, minha mãe... o meu filho está morrendo... faça alguma coisa... não o deixe morrer."

"Leve-o imediatamente a um médico", tinha sugerido Francisca.

"E onde vou achar um? O menino está morrendo... faça alguma coisa, eu imploro... não o deixe morrer."

Francisca o havia pegado nos braços e, com voz firme, intimara: "Ponha-se de joelhos e reze", enquanto isso foi para sua cela rezar para a Virgem.

Passou-se mais de uma hora, quando finalmente voltou, tinha pegado um trapo que molhara na água e o passava nos lábios ardentes do menino. A criança abriu lentamente os olhos e lhe sorriu: a febre tinha desaparecido.

A notícia se espalhou nas asas do vento e de boca em boca tinham chegado à cidade e arredores.

Assim, juntamente com os pobres e necessitados, começaram a vir pessoas que lhe pediam para rezar por alguma coisa que se perdera e não se conseguia mais achar, por qualquer doença, enfim por tudo aquilo que podia afligir as pessoas. Sendo uma sociedade principalmente agrícola, muitas vezes se tratava de animais.

Tudo isso tinha começado, também dessa vez, de modo totalmente casual. Antônio Augusto Pereira fazia o transporte de mercadorias com os carros de boi de raça. Passando e repassando pela Rua das Cavalhadas, tinha notado o que acontecia na casa de Francisca e, algumas vezes, também havia parado para rezar. Certa vez, vendo-a sozinha tricotando na soleira da casa, tinha parado e perguntado: "Dona Francisca, posso pedir-lhe uma prece particular para mim?".

A mulher lhe havia respondido com um sorriso e, depois, olhando-o firmemente perguntou: "O que está atormentando você?".

"Faz mais de um mês que sumiu um dos meus melhores bois."

"Tire seu chapéu e reze, e eu vou fazer o mesmo", ela respondeu; depois se levantou, entrou na casa e dali a pouco saiu de novo. "Você o tem procurado faz muito tempo, não é? O animal de fato está muito enfraquecido porque foi amarrado numa árvore de forma que não pode comer nem beber. Não sei se vai conseguir chegar a tempo de salvá-lo; de qualquer maneira vá, vai encontrá-lo debaixo de uma árvore no bairro P."

Antônio, levando água e comida, foi apressadamente para o local e encontrou o boi amarrado numa árvore. Ao desamarrá-lo, ele caiu por terra. Pouco a pouco deu-lhe de beber e depois o alimentou, mas teve que deixá-lo ali por alguns dias para que o animal pudesse se recuperar e se levantar.

O homem, voltando para agradecer, tinha-lhe perguntado: "Dona Francisca, me diga quem amarrou daquele jeito o meu boi, porque merece o mesmo tratamento!".

A mulher sorriu.

"A senhora sabe, dona Francisca... me diga."

"O perdão é a melhor vingança", ela respondeu.

"Se for algum invejoso, como imagino, quero pelo menos dizer-lhe umas poucas e boas", insistiu Antônio.

"Vocês brigariam, iriam ficar amargurados e na ira não se sabe o que pode acontecer... o boi foi encontrado, se recuperou... agradeça ao Senhor e a minha Sinhá", Francisca o exortou.

"Um dia vai me contar!", tinha insistido o homem com certa indelicadeza.

A essa altura Francisca disse com firmeza: "Da minha boca não vai saber nunca... Eu quero ser um instrumento de paz entre as pessoas! Escuta bem: se não é capaz de perdoar teu semelhante, que cristão você é? Sua prece não servirá para nada".

Também desta vez o fato tinha passado de boca em boca e as pessoas começaram a recorrer a ela por qualquer coisa.

Depois de alguns anos de matrimônio, o tenente Teotônio começou a definhar e a ficar doente com mais frequência. Sua mulher Eliodora, cuidadosa e dedicada, cuidava dele, mas parecia que não se achava o remédio certo, até mesmo os médicos consultados não chegavam a um acordo quanto ao diagnóstico da doença.

Assim, em 17 de janeiro de 1861, Teotônio decidiu fazer seu testamento. Nesse documento, não tendo filhos, nomeou sua irmã Francisca a herdeira universal e, entre as disposições estabelecidas para o dia de seu enterro, o executor testamentário deveria alforriar todos os escravos que estavam a seu serviço, distribuindo duzentos mil réis entre os pobres da paróquia, incluindo algumas famílias pobres e honestas, e aumentando eventualmente a quantia. Deixou também duzentos mil réis para a pintura e douração do altar maior da igreja matriz.

Na noite entre o dia 1º e 2 de abril, com 57 anos, Teotônio deixou esta terra. Os funerais foram solenes, acompanhados pela banda de música e por todos os confrades da cidade.

No dia 11 de maio seguinte, a viúva dona Eliodora Maria de Jesus providenciou o pagamento à cunhada de mais de 14 milhões de réis em dinheiro, e com os bens pertencentes a sua herança chegou a uma quantia total que superava 23 milhões de réis.

Era uma fortuna que teria conturbado a vida de uma pessoa normal, mas Francisca soube administrá-la sem se deixar abalar. Sua vida era baseada na escolha da pobreza pessoal e o uso daquela quantia foi destinado à glória do Senhor e ajuda dos irmãos.

Assim, dona Francisca, que agora entre os pobres era chamada familiarmente de Nhá Chica, decidiu que o desejo do irmão fosse logo satisfeito, providenciando para que o altar maior da igreja paroquial de Nossa Senhora de Mont Serrat fosse pintado e dourado. Era o ano de 1862.

Notas bibliográficas

Tudo que foi relatado neste pequeno capítulo se baseia em documentação recolhida e analisada em Positio, BD, 65-79 e em Biografia 2001, 27-29 e *passim*, 43-45; Anais 1, Pena, 5, 6, 15; Monat, 94; Entrevista, 19. Os episódios foram extraídos dos testemunhos, ver: Positio, *Summ.*, 131, 152, 164, 165.

Não sabemos quando Maria Joaquina, irmã de Teotônio, casou com João Garcia de Paiol Termo, na cidade de Aiuruoca. A informação aparece no testamento de Teotônio (ver mais adiante).

Em 1831, a situação política, depois da abdicação de Dom Pedro I, escapou das mãos dos moderados que estavam no governo. José Bonifácio teve que recorrer a uma aliança entre moderados, liberais e restauradores (caramurus), para poder governar a partir de 28 de abril de 1831, tratando-se no início de uma regência trina provisória que, em julho, se transformou em permanente. Os liberais, não confiando completamente no exército, solicitaram ao Ministro da Justiça, o padre Diogo Feijó, a criação da Guarda Nacional (lei de 18 de agosto de 1831), sob o controle direto dos políticos. Assim nasceu a força paramilitar municipal permanente, que tinha a tarefa de "defender a Constituição, a liberdade, a independência e a integridade do Império; para manter a obediência às leis, conservar ou restabelecer a ordem e a tranquilidade pública; e auxiliar o Exército de Linha na defesa das fronteiras e costas".

A Guarda Nacional devia ser um instrumento de defesa subordinado aos juízes de paz, aos juízes criminais, aos presidentes de província e ao Ministro da Justiça. Podiam ser convocados cidadãos que gozassem de direitos civis, maiores de 21 anos e menores de 60. Entrava-se numa lista de matrícula subscrita pela Câmara somente depois que um Conselho de Qualificação, nomeado pelo juiz de paz, tivesse verificado sua idoneidade. O conselho, depois, redigia uma lista de serviço ordinário e de reserva. Os títulos dos oficiais eram adquiridos pelos políticos, nobres e pessoas influentes, de acordo com o patrimônio familiar. Com respeito a essa questão consultamos com proveito: J. Castro Berrance, *A milícia cidadã*; a Guarda Nacional de 1831 a 1850, São Paulo, Companhia Editora Nacional, 1977; M. A. Faria, *A Guarda Nacional em Minas Gerais de 1831 a 1874*, Curitiba, Universidade Federal do Paraná (UFPR), 1977. Isso nos permitiu entender com clareza como, em 30 de janeiro de 1830, Teotônio fosse tenente da Guarda Nacional de Baependi, a serviço ordinário da cidade. Eis a Lista do Conselho de Qualificação dos Membros da Guarda Nacional do distrito de Baependi (Arquivo Público Municipal, Prof. Temístocles C. da Rocha, Registro Geral da Câmara de Baependi, fls. 3, n. 76, Positio, BD, 71-72; Biografia 2001, 28):

Illmo Sor. Presidte, e Vereadores da Camara Municipal. O Concelho da Qualificação deste Distrito, tendo na conformidade do Art. 16 da Ley de 18 de Agosto de 1831, riscado do Livro da Matricula Geral da Guarda Nacional, todos os individuos q. na forma da mma. não devião fazer parte da da. Guarda por empocibilitados, e infermos; e outros q. indevidam.t forão alistados, fez no d.o Livro de matricula as Anotaçoens competentes, extrahindo dele a Lista inclusa dos Cidadoens q. ficarão como estavão ahy todos alystados, aq.l contem p.a o Servisso Ordinario trezentos individuos, e pa. o de reserva dois: cuja Lista o Concelho leva ao Conhecimento da Comarca p.a q. sejão designadas as Companhias, e suas Paradas como parecer mais conveniente. D. s. g.e a VV. S S. Pr. M. sas. Baependy 30 de Janeiro de 1832. Antonio Nunes Nog. Freire [...].
Lista da Guarda Nacional da Paróquia da Vila de Baependi, extraído do Livro de Matrícula aos 30 de Janeiro de 1832. Do Serv.o Ordinário: 1. Antonio Ignacio de Melo [na] Villa [...] 79. Thetonio Pa. do Amaral [na] V.a.

Naquele período Teotônio começa a fazer parte também da Irmandade de Nossa Senhora da Boa Morte e, em 1833, foi eleito membro da presidência (Irmãos de Meza).

De fato, no Livro de Atas da Irmandade, preservado no arquivo da Cúria Diocesana da Campanha, está a "ata da eleição" em que se lê:

> Aos doze de agosto de mil oito centos e trinta e trez no confistorio da Matriz da V.a de Sta Ma de Baepdi onde se axavão presentes em Meza plena, os Juizes e mais officiais Mezarios da Irmandade de N. Sra da Boa Morte, prezidida pelo Redo Vigario o Conego Manoel Pereira de Souza [...] Irmãonz de Meza O Senhor Plínio C. Veriato Cattão [...] Theotonio Pereira do Amaral (Positio, BD, 72).

O tenente Teotônio começou a ter um papel cada vez mais importante na vida política e também econômica da cidade, tornando-se conselheiro (vereador) da Câmara Municipal, mas principalmente arrecadador de impostos (arrematador das rendas municipais), como se pode ver das hastas de adjudicação. No Registro de Atas da Câmara de Baependi, em várias datas de 1842 a 1854, se lê:

> Servirá este livro p. as actas das Sessoens da Cam. Municipal desta Vila vai numerado o qual vai numerado e rubricado por mim "Silva" Baependy 31 de Agosto de 1842.

> 4º dia de Sessão a 25 de Janeiro. Aos 25 de Jan. de 1844 nesta villa de Baependy na Salla da Camara Municipal presente os Srs Presidente Olimpio Carneiro Viriato Catão e Vereadores Cap-mor José Pinto de Souza, Tente Francisco José de Sousa Rodrigues, João Ribeiro Nogueira, José Maximo Ribeiro de Mag., Manoel Nogueira [...] Continuando a arrematação das rendas da Camara,

foi conferida a mesma a Theotonio Pereira do Amaral pela quantia de 500$00 reis. [...]

6º dia de Sessão Ordinária. Aos treze dias do mez de Janeiro de mil oitocentos e quarenta e nove nesta Villa de Baependy em o Paço Municipal [...] Leo-se hum outro de Theotonio Pereira do Amaral pedindo ser admitido a lanças nas Rendas da Camara que foi deferido. Hum dito de Matheos Pereira dos Santos offerecendo pelas Rendas da Camara quatrocentos e cincoenta mil reis com cujo lanço sendo posta em Praça as [ilegível] Rendas e lançando aquelle Theotonio athe a quantia de quatrocentos e oitenta, e offerecendo depois a de quatrocentos e noventa com este lanço ficou lhe somente de lançar sem que mais alguém apparecece, pelo que rezolve a Camara a conferir-lhe a Arrematação acceitando o fiador Affonso Gomes Nogueira [...].

Sessão Extrordinaria do dia 27 de Janeiro de 1853. Aos vinte sette dias do mez de Janeiro de mil oito centos e cincoenta e trez, nesta Villa de Santa Maria de Baependi e Salla da Camara Municipal, sendo presentes os Senhores Prezidente Tte Coronel Joaquim Ignacio de Mello e Sousa, Vereadores os Senhores Marcelino Pera, Pacheco Pena, Carvalho e Theotonio Pereira do Amaral [...] (Arquivo Público Municipal, Prof. Themístocles C. da Rocha, Registro das Atas da Câmara de Baependi; Positio, BD, 72-73; Biografia 2001, 28).

A fim de entender estes papéis, pedimos ao doutor Ronaldo Frigini uma definição resumida (ao qual agradecemos de coração por sua disponibilidade contínua):

A função de Arrematador das Rendas Municipais não mais existe, pois atualmente as cidades (municípios) possuem seu próprio departamento de arrecadação de tributos (impostos, taxas etc.). No século XIX e início do século XX, dada a falta de estrutura de muitos municípios, o serviço de arrecadação de tributos era feito por particulares, através de contratos celebrados pelas Câmaras de Vereadores, cujo nome se dava Arrematador das rendas municipais. Esse contrato era feito pagando-se ao particular um valor pela arrecadação, vencendo aquele que se dispusesse a receber menos, daí o nome arrematador. Com relação aos vereadores, até hoje eles fazem parte do Poder Legislativo e devem fiscalizar os prefeitos das cidades. Todavia, naquela época, eles possuíam maior poder, dentre os quais a nomeação do próprio prefeito, bem como praticamente a administração da Prefeitura, incumbindo-se, inclusive, da contratação dos arrematadores de rendas municipais.

Do livro das Atas da Junta de Qualificação de Votantes da Paróquia de Baependi (1853-1856), em 1853, Teotônio resulta ser um eleitor com 49 anos de idade, ainda solteiro, que exercia a profissão de comerciante (Biografia 2001, 29). Provavelmente sua saúde começou a fraquejar e ele decidiu regularizar um relacionamento que talvez já tivesse há anos com Eliodora Maria de Jesus, filha de Manoel de Sousa Godinho e Bárbara Maria de Jesus, de Baependi, decidindo casar-se provavelmente entre 1854/1855. A hipótese se baseia em duas informações: da certidão de óbito de Eliodora sabemos que nascera em 1796 (Positio, BD, 78-79), logo, se o casamento foi celebrado em 1854, Teotônio tinha 50 anos e Eliodora 58, certamente não um primeiro amor. No testamento (que transcreveremos em seguida) Teotônio especifica que se casou regularmente na igreja – "Sou casado [*in facie Ecclesia*] com Eliodora Maria de Jesus" – e lhe é grato por sua assistência na doença – "Deixo a minha mulher Eliodora Maria de Jesus, alem dos dous contos de reis, com que adóto as minhas casas de morada, nesta Rua do Comercio, em remuneração aos seus bons, caridosos officios, com que me tractou, especialmente em minha enfermidade". A situação provavelmente se agravou porque, em 17 de janeiro de 1861, Teotônio (apesar de bastante enfermo, mas em pé) decidiu fazer um testamento nomeando Nhá Chica como herdeira universal, e logo vem a morrer em 2 de abril, com 57 anos.

No dia 17 de abril se inicia a compilação do inventário dos bens, que se prolongou até 27 de abril e, em 11 de maio, se deu a execução testamentária e a liquidação. Transcrevemos em seguida trechos do testamento e do inventário que são úteis para obtermos informações.

Juiz Mun.al de Baependy. Invent. dos Bens q. ficarão por falleci-mento de Theotonio Pereira do Amaral D. Eliodora Ma. De Jesus sua mer. Inventariante.

Anno do nascimento de Nosso Senhor Jesus Cristo de mil oito-centos e sessenta e hum aos doze dias do mês de abril do dito anno nesta cidade de Baependy Minas e Comarca do mesmo nome em o meu Cartório entra huma petição do Collector de Impostos deste município o Tenente Coronel Joam Evangelista de Sousa Guerra em a qual requeria o presseguimento de inventario dos bens do finado Theotonio Pereira do Amaral, com citação da Viuva e herdeira para o dia e hora que for […] e a mais constante da mesma petição que he aque sesegue, de que fiz esta autoação. Eu Alexandre Pinto de Aguiar Tabellião que assim […] Data e publicação. […]

Termo de fallecimento e Declaração de Herdeira. Aos quinze dias do mês de abril de mil oito centos sessenta e hum nesta cidade de Baependy em casa de morada da Inventariante D. Eliodora Maria de Jesus a onde se achava o Doutor Juiz Municipal de Orfaens Luiz de Medeiros comigo Tabelliam […], por ela foi dito que debaixo de juramento que havia prestado, declarava que o inventariado o seu marido Theotonio Pereira do Amaral havia fallecido no dia primeiro de Abril do corrente anno de mil oito centos e sessenta e hum com testamento solemne, que adiante vai copiado, deixando por herdeira, e que digo, copiado deixando huma herdeira, e que postulava dar (ilegível) todos os bens debaixo das penas que lhe tinhão sido cominadas. De que fiz este termo que assigna a seu rogo por nam saber ler nem escrever o Alferes Francisco Marcelino Pereira com o cito Juiz. Eu Alexandre Pinto de Aguiar Escrivão que o escrevi.

Herdeira [...] Francisca de Paula de Jesus irmam do finado Inventariado. [...]

Traslado do Testamento. Em Nome de Deos Amen. Eu Theotonio Pereira do Amaral em meu perfeito juizo, e entendimento faço o meu testamento, ultima vontade da maneira seguinte. Sou Catholico, Apostolico, Romano, nesta fé vivi e quero morrer. Sou filho natural de Izabel Maria da Appresentação. Sou casado [*in facie Ecclesia*] com Eliodora Maria de Jesus, de cuja união nam temos filhos, nem tenho herdeiros forçados.

Nomeio para meu primeiro testamenteiro o Alferes José de Sousa Meirelles, em segundo o Tenente Manoel Antonio Pereira, e em terceiro Antonio Marcellino Ferreira, cuja suffisciencia abono em Juiso e fora delle. Ao meu testamenteiro que cumprir minhas dispoziçoens deixo o praso de hum anno e o premio de quatro centos mil reis. Meu enterro será feito sem pompa superflua, mas quero acompanhamento das Irmandades da Senhora da Boamorte, Senhoras das Merces, e Almas, de que sou irmão e das outras de minha Freguesia. Quero que seja a encomendação da minha alma com Musica. Quero que as Missas de corpo presente digo, quero Missas de corpo presente, q. forem possiveis e mais por minha alma. Vinte: por alma de minha Mae, outras vinte pelas almas das pessoas com quem tive negocios; vinte por alma de Francisca de Paula Ramos. (*Omissis*) No dia do meu enterro, meu testamenteiro distribuira pelos pobres de minha Freguesia a quantia de duzentos mil reis, incluindo-se algumas familias pobres, e honestas, cujas cotas serão mais avultadas.

Deixo a minha irmam Maria Joaquim casada com Joam Garcia morador no Paiol Termo da Villa de Ayuruoca a quantia de quatrocentos mil reis, quantia esta que ser lhe-á entregue pessoalmente; e no caso deter fallecido, ou fallecer, passará a seus filhos, e nella nam terá meação a seu marido.

Deixo a quantia de duzentos mil reis para adjutorio da pintura, ou douramento do Throno, Altar mór da Matriz desta Cidade.

Deixo libertos a meus dous escravos Manoel, Bernardo, cujas cartas serão passadas logo depois de minha morte, sirvindo-lhes nessa falta esta verba de carta de liberdade, digo sirvindo-lhes de carta de liberdade immediatamente esta verba.

Declaro que me cazei com minha mulher Eliodora Maria de Jesus com carta de [...] passada no livro de Notas do Primeiro Tabelliam em cuja Escriptura lhe dou a quantia de dous contos de reis, as quais serão entregues pelo meu testamenteiro logo que eu fallecer. Declaro que minha mulher possui de suas agencias algum dinheiro, que andará por quatro centos mil reis, mais ou menos; isto declaro afim de que apparecendo ella com esse seo dinheiro, nam se possa digo, nam se pense ser sermo tirado; e depozito nella toda a confiança, he incapaz de prejudicar aos aos meus parentes. Deixo a minha mulher Eliodora Maria de Jesus, alem dos dous contos de reis, com que adóto as minhas casas de morada, nesta rua do Comercio, em remuneração aos seus bons, caridosos officios, com que me tractou, especialmente em minha enfermidade. Deixo-lhe igualmente a mobilia que tenho nesta casa.

Cumpridas as minhas disposiçoens, instituo minha universal herdeira a minha Irmam Francisca de Paula. Releva notar para satisfação publica que tendo feito outro testamento o inutilizo, e faço este, e a principal rasam he, que deixando as Irmandades, de que sou irmão, Boa morte, e Merces algumas quantias, privo-me dessa bôa óbra, por ver que os bens de minhas Irmandades não tem garantia, e se estam dando outros fins, que não he o meu, e de outros Fins. Tenho concluido o meu solemne testamento, que por mim ditado, he escripto pelo Vigario Joaquim Gomes Carmo e por mim assignado depois de o lêr, e estar em tudo conforme minha vontade. Baependy dezessete de Janeiro de mil oito centos sessenta e hum. Thetonio Pereira do Amaral. - Approvação - Saibam quantos o presente Instrumento de approvação de testamento viram que no Anno do Nascimento de Nosso Senhor Jesus Christo de mil oitocentos e sessenta e hum aos dezessete dias do mez de Janeiro do dito anno nesta Cidade de Baependy Minas e comarca do mesmo nome em casas de morada do testador Tenente Theotonio Pereira do Amaral a onde Eu Tabelliam ao diante nomeado vim a chamado do mesrno, esendo ahi presente o sobredito testador Tenente Theotonio Pereira do Amaral morador nesta cidade que reconheço pelo proprio de que dou fé, por ele em presença de cinco testemunhas tambem adiante nomeadas e assinagnadas digo, nomeadas e iguahnente reconhecidas me foi dado este papel e escripto em quatro laudas, e parte de outra onde teve [...] esta approvação, dizendo-me que era o seu selemne testamento, ultima e derradeira vontade escripto a sou rogo pelo Reverendo Vigário Joaquim Gomes Carmo, por elle testador ditado e assignado de proprio punho, pelo qual derroga outro qualquer testamento ou Codicillio que anteriormente tenha feito, esse quer que o presente valha, e tenha todo o vigor em juizo e fora delle, pedindo as Justiças de Sua Magestade Imperial que Deos guarde de hum e outro Foro que o cumprirão, guardem e fação inteiramente cumprir e guardar como nelle se contem e declara e a mi Tabelliam que a acceitasse e approvasse para a sua inteira validade; e por ser justo seu [...], e conforme a direito, esse achar o dito testador, apesar de bastante enfermo, de pé e em seu perfeito juizo, e entendimento segundo colligidas respostas que me deu. (*Omissis*)

Aos dezessete dias do anno de mil oito centos sesenta e hum nesta Cidade de Baependy em casas demorada da Inventariante D. Eliodora Maria de Jesus a onde foi vindo o Doutor Juiz Municipal e Orfaons Luiz de Medeiros comigo Escrivam desse Cargo adiante nomeado ahi se procedeu a louvação e descripção dos bens deixados pelo inventariado fallecido Tenente Theotonio Pereira do Amaral pela maneira seguinte:

Dinheiro

10:571$000 Em moedas de ouro, a quantia de dez contos quinhentos setenta e hum mil reis.

1:390$400 Em prata a quantia de um conto trezentos e noventa mil e quatro centos reis.

7:581$000 Em nottas a quantia de sete contos quinhentos oitenta hum mil reis Ouro em óbra.

44$800 Um cordão com o peso de quatorze oitavas avaliado a tres mil e duzentos reis a oitava, quarenta e quatro mil e oito centos reis.

3$200 Tres memorias com o pezo de huma oitava naquantia de tres mil e duzentos reis.

25$000 *Idem* hum Relogio na quantia de vinte cinco mil reis.

Prata em óbra

66$240 Seis colheres e garfos de prata, e hum cábo de facca com o pezo de duzentas e sete oitavas a trezentos e vinte reis – a quantia de sessenta e dous mil duzentos e quarenta reis, digo sessenta e seis mil duzentos e quarenta reis.

(*Omissis*)

Soma 20:183$300

Bens de Raiz

500$000 Hum terreno na Rua que segue das Cavalhadas para a Ponte pela Estrada Velha do alto, murado pela frente e com cento e noventa e seis palmos, que se divide pelo lado de baixo com a caza e quintal de José Marques de Oliveira, pelo fundo com o vallo e terreno de Joam de Almeida de Pedrozo, e pela direita com a herdeira Dona Francisca de Paula de Jesus avaliado na quantia de quinhentos mil reis.

120$000 Uma parte na casa da herdeira Dona Francisca e que éra do finado inventariado, avaliada na quantia de cento e vinte mil reis.

180$000 Uma dita do lado de cima, que se divide com Antonio Francisco e Souza, com treze palmos na quantia de cento e oitenta mil reis.

20$000 Idem, huma Engenhóca de moer cana no terreiro da herdeira Dona Francisca avaliada na quantia de vintemil reis.

2:500$000 Huma morada de casas situadas na Rua do Commercio doadas em testamento avaliadas na quantia de dous contos e quinhentos mil reis.

250$000 Hum vigéssimo de água existente na chacara avaliado na quantia de duzentos e cinquenta mil reis.

Soma 23:753$300

Fica liquido a hedeira instituida Dona Francisca de Paula aquantia [...] contada, quatorze contos seis centos oitenta e oito mil trezentos e quarenta e seis reis. Da qual tem de pagar os direitos respectivos.

Baependy 27 de Abril de 1861. Pedro Maria de Alcantara.

Juntada

(Recibo de Imposto pago por Dona Francisca de Paula de Jesus à Renda Provincial, referente à herança deixada em testamento por seu irmão Ten. Theotonio Pereira do Amaral que importou a quantia de 1:468$834 (Um conto, quatrocentos sessenta e oito mil e oitocentos e trinta quatro reis)

Ilmo Sr. Doutor Juiz Municipal e de Orffaõs.Dis Francisca de Paula de Jesus que achando-se liquidada a conta do Inventario de seu irmão Ten. Theotonio Pereira do Amaral, de que a suplicante herdeira, requer a V. SSa que mande juntar esta a os autos de Inventário, e nelles lavra-se termo de quitação pela herança que tem de receber do Testamenteiro, digo da Inventariante D. Leodora Maria de Jesus pelo que. Como requer. 11 de Maio de 1861. Arrogo de Francisca de Paula de Jesus. Bento Francisco Nunes. Termo de quitação que da herdeira D. Francisca de Paula de Jesus a viuva Inventariante D. Eliodora Maria de Jesus dag.ta de sua herança.

Aos onze dias do mez de Maio de mil oito centos e sessenta e hum nesta cidade de Baependy em cazas demorada do Tenente Joam Evangelista de Souza Guerra aonde Eu Tabellião adiante nomeado vim ahi sendo prezente D. Francisca de Paula de Jesus herdeira instituida no Testamento com que falleceu seu irmão o Tenente Theotonio Pereira do Amaral que reconheço pela propria de que dou fé, poe ella me foi dito em prezença das testemunhas abaixo assignadas, igualmente reconhecidas me foi dito, que por haver recebido da viuva inventariante D. Eliodora Maria de Jesus a quantia de quatorze contos seis centos oitenta e oito mil trezentos quarenta e seis reis em dinheiro, e mais bens pertencentes a sua herança, por isso da mesma quantia e bens lhe dava a plena quitação para que mais lhe não seja repetida por ella dita herdeira, e não por pessoa alguma, visto achar-se satisfeita. E de como assim o disse, para constar faço este termo em que assigna a seu rogo por não saber ler nem escrever a mesma, Tenente Coronel Evangelista de Souza Guerra e testemunhas prezentes Bento Francisco Nunes, Antonio José de Seixas, depois de Meirelles e por mim Alexandre Pinto de Aguiar Tabellião o escrivi. Visto em Correição de 1861. Ribeiro da Luz (Arquivo Judicial da Circunscrição de Baependi, Livro de Registros de Inventário, n. 188-1-I; Positio, BD, 73-78; cfr. Biografia 2001, 29).

Com relação à data exata da morte de Teotônio, no inventário se diz que:

Theotonio Pereira do Amaral havia fallecido "no dia primeiro de Abril do corrente anno de mil oito centos e sessenta e hum", enquanto na certidão de óbito se lê: "Aos dois de abril de mil oito centos e sessenta e hum, nesta cidade, falleceo com todos os sacramentos o Ten.e Theotonio Per.a do Amaral, casado com Leodora Maria de Jesus, e foi solemnem.e sepultado, com officio funebre, no Cemitério Geral, de que p.a constar faço este, que assigno. O Con.o Vig.o Joaquim Gomes Carmo (Arquivo da Cúria Diocesana da Campanha, Livro de Óbitos n. 9 (1841-1873), fls. 300 v; Positio, BD, 78; Biografia 2001, 29).

A discrepância pode ser devida ao fato de que provavelmente ele tenha morrido bem tarde, em 1º de abril, e o falecimento foi informado só no dia 2.

Como se viu, Teotônio deixou 200$000 réis para a douração do altar maior da matriz, que Nhá Chica providenciou em 1862, conforme escreveu Monsenhor Marcos Pereira Gomes Nogueira:

> Só em 1862, sendo Vigario. o Redo. Cônego Joaquim Gomes Carmo, foi que dourou-se o altar com uma boa esmola de Da. Francisca Paula de Jesus, herdeira de seu irmão Theotonio Pereira do Amaral (Arquivo da Cúria Diocesana da Campanha, Tombo, Livro 1º, fls. 16 v; Positio, BD, 100; Biografia 2001, 52).

Com base nessa documentação pode ser reconstruído o percurso existencial de Nhá Chica.

V
A IGREJINHA

Fazia um dia tépido de abril quando João Evangelista de Souza Guerra bateu à porta da casinha de Nhá Chica, que como sempre estava entreaberta.

"Entre, entre...", respondeu a vozinha conhecida.

"Estou aqui, Nhá... Desculpe se não pude vir antes."

"Não se preocupe, meu filho, se não veio significa que estava ocupado. Eu o chamei para lhe contar uma coisa maravilhosa... mas, sente-se, sente-se. Ontem minha Sinhá me apareceu e a certa altura me disse: 'Queria que me fizesse uma capela'". Eu respondi: "Claro, minha Sinhá, vou fazê-la imediatamente". Aí fui falar com o nosso pároco, o cônego Joaquim Gomes do Carmo, que me disse que é preciso muito dinheiro e bastante burocracia. Você sabe, meu filho, que sou uma analfabeta e preciso de você que é advogado...".

"É verdade, é necessário fazer uma série de requerimentos... além disso, é necessário um bocado de dinheiro, mas fique tranquila, Nhá, me nomeie seu procurador e eu cuido de tudo."

"Minha Sinhá quer a capela e eu devo construí-la. O dinheiro? Há o que meu irmão Teotônio me deixou e, se não bastar, pedirei às pessoas... elas são generosas."

"Em primeiro lugar é preciso fazer o pedido para a Câmara Municipal e pagar uma taxa, mostrar o título de propriedade, isto é, que a igrejinha vai surgir num terreno de sua propriedade."

"Meu filho, minha Sinhá e você sabem o que fazer... eu posso rezar e pedir por aí a quem possa me dar uma mão."

Foi assim que em 1º de maio de 1865 João Evangelista de Souza Guerra, procurador de Francisca de Paula de Jesus, pagou a taxa prevista e obteve a permissão para fazer a construção.

Foi dada a partida na grande máquina para construir a igrejinha. Nhá Chica contratou o oleiro para fazer os tijolos e tratou com algumas fazendas produtoras de milho para adquirir os caules secos para as paredes, e estava pensando a quem pedir as telhas e a madeira para o telhado. Enquanto caminhava pensativa, encontrou um fazendeiro com uma carroça cheia de lenha.

"Senhor Zé, tenho que construir uma igrejinha para Nossa Senhora da Conceição. Já estão sendo feitos os tijolos de argila e me prometeram os caules de milho para as paredes. Falta a madeira para a cobertura, pode me ajudar? Se não puder me dar os troncos, talvez possamos concordar com um pagamento."

O homem a fitou com soberba, fez que não com a cabeça, mas, não contente ainda, comentou: "Acha que para fazer uma igreja bastam dois tijolinhos e uma meia dúzia de estacas? Não tem ideia do que está falando... de mim não vai receber nem um graveto", e instigou os bois com o aguilhão.

Ela, sem perder a calma, disse: "Deus lhe pague. Vá com Deus e que Nossa Senhora o acompanhe".

O homem olhou-a feio e se afastou.

Na segunda-feira seguinte o fazendeiro carregou a carroça, subiu nela e mandou que os bois se movessem. Como se não tivesse dito nada, a carroça permaneceu parada. Gritou mais alto e incitou os bois. Puxando as rédeas, fora de si, deu dois golpes de vara nas costas dos animais: os bois, em vez de andarem, se ajoelharam. Com os olhos injetados de sangue pela raiva, desceu da carroça e disse ao criado: "Você fica aqui que vou a Baependi na casa daquela feiticeira!".

Saltou sobre o cavalo e a galope chegou à porta de Nhá Chica. Havia batido, vociferando: "Sua megera má, abra a porta!".

"Entre, está aberta", tinham respondido lá de dentro.

O homem entrou e gritou: "Você enfeitiçou os meus bois... tem que desfazer isso!".

A anciã o fitou: "Não sou nem megera, nem bruxa... e não sei do que está falando", tinha respondido tranquila.

"Ah, não? Você fez um feitiço para os meus bois porque me recusei a lhe dar madeira para sua imaginária igreja... Vi como me olhou naquele dia! Me lançou um mau-olhado e nos meus animais também!"

Nhá Chica disse quase impassível: "Você acredita nessas besteiras?".

"Claro que acredito, hoje de manhã os bois, em vez de andarem, se ajoelharam!"

A anciã, gentilmente, mas com um tom decidido, o intimou: "Sente-se que vou rezar e depois nos falamos de novo".

Tinha ido para a salinha onde estava a estátua de Nossa Senhora e lá ficou por um bom tempo. Quando voltou, disse: "Pode ir embora tranquilo. Quando chegar lá, é só mostrar a vara que os bois partirão".

Desconfiado, o homem se ergueu e a ameaçou: "Espero que o que está me dizendo aconteça, caso contrário...".

Nhá Chica sorrindo acompanhou-o até a porta: "Vá, vá, que o Senhor o acompanhe!".

O fazendeiro montou no cavalo e saiu em disparada.

"Nhá...Nhá...", gritou dona Sinhazinha, que chegou correndo.

"O que foi? Por que está assim desesperada?"

"Nhá, só você pode nos ajudar... meu marido quer rever os pais em Portugal e depois de amanhã devemos partir... meu marido perdeu a dentadura. Está tudo marcado, como vamos fazer para adiar? Ele tem vergonha de ir assim. Nhá, nos ajude, eu imploro, nos ajude!"

A anciã a fitou tranquila: "Dona Sinhazinha, procurou direito?".

"Claro, Nhá, virei a casa de pernas para o ar... pode imaginar o meu marido atrás de mim a gritar como se fosse culpa minha!", e como Nhá Chica continuava a olhá-la divertida: "Nhá, não ria... é uma coisa séria!".

"Procurou no copo verde ao lado da janela na cozinha?"

"Claro que procurei... procurei em todos os lugares!"

"Vá olhar direito... há duas fatias de limão na água por isso você não a viu".

Dona Sinhazinha a fitou com os olhos esbugalhados, pegou sua mão e a beijou.

Depois de algum tempo, um criado de dona Sinhazinha trouxe um cesto de frutas e a bela notícia de que a patroa tinha encontrado o que estava procurando.

Já era de tarde, quando Francisco Balbi bateu à porta: "Nhá, trouxe-lhe um pouco de lenha para a cozinha".

Nhá Chica, em vez de fazê-lo entrar para lhe oferecer um café como de costume, com frieza e peremptoriamente o intimou: "Senhor Chiquinho, vá embora já, volte logo para sua fazenda, não pare para ninguém nem olhe para trás... corra o mais que puder com sua carroça... vá... vá!".

O homem ficou um pouco contrariado, mas, notando a firmeza da ordem para ir embora rápido, subiu na carroça e esporeou os bois.

Ele morava no campo, numa fazenda que distava uma dezena de quilômetros de Baependi. Para chegar a sua casa devia atravessar uma ponte; apenas tinha atravessado, ouviu um ruído impressionante que fez com que parasse instintivamente a carroça. Virou-se e viu que a ponte tinha desaparecido! Tinha desmoronado, tornando mais difícil a comunicação com a cidade.

Na semana seguinte parou diante da casinha uma carroça cheia de pranchas de madeira e telhas: "Nhá", gritou o condutor, "venha aqui fora, chegaram as madeiras e as telhas para o telhado da igrejinha... onde devo descarregá-las?".

Nhá Chica tinha assomado à porta e reconheceu o fazendeiro, sorriu e disse: "Ah! Encontrou outra megera que lhe retirou o feitiço?".

O homem se pôs a rir: "Nhá, se alguém se atrever a chamá-la de feiticeira, me conte que eu lhe darei uma surra!".

"Puxa, que violência! Qualquer um pode errar... ou não? Como foi que mudou de opinião?"

"Nhá, diante do seu comportamento entendi que não é uma feiticeira, mas uma mulher que ama muito a Deus e a Nossa Senhora."

Notas bibliográficas

Nesse capítulo se tentou montar o cenário da origem da igrejinha. Servimo-nos de tudo que foi escrito por Pena, 6-7; depois em Positio, BD, 95-96, 100; Biografia 2001, 54-54; Monat, 94; Entrevista, 19-21. Na época (1851-1866) era pároco o cônego Joaquim Gomes do Carmo (Positio, 87, 100).

Na fase de estudos da Comissão Histórica para o Processo de Beatificação, no Arquivo Público Municipal, o professor Themístocles Coutinho da Rocha de Baependi, no Registro de Receitas e Despesas da Câmara Municipal, encontra-se o seguinte registro do pedido de autorização e o pagamento da taxa correspondente para a construção de uma capela: "Receita 1865, maio 1º, Recebo o mesmo Procurador de Francisca de Paula de Jesus de licença para levantar uma capelinha nesta cidade 2$000. O Procurador João Evangelista de Souza Guerra. O Secretário Martinho Vieira Lício".

Naturalmente essa informação fez com que a data de 1867 fosse aquela do início dos trabalhos para o professor José Divino de Oliveira em "Templos – Igreja da Conceição – Nhá Chica", 22 (no jornal *O Patriota*, Baependi, 1917) e, assim, retomada nas biografias de Lefort, 34, e de Palazzolo, 69, não sendo mais a correspondente.

O episódio da madeira é relatado pela senhora Clélia de Castro Pereira, com base em tudo que ouviu da avó materna Maria José, que tinha conhecido Nhá Chica e o fazendeiro (cujo nome, todavia, não recordava), ver Positio, *Summ.*, 134.

O milagre da ponte aconteceu com o bisavô da senhora Maria de Lourdes Pereira Pelúcio Mângia. Ver Positio, *Summ.*, 40, em 162; aquele da dentadura, porém, foi contado pelo doutor José Balbi Leite, neto da protagonista. Ver Positio, *Summ.*, 162.

Em 1868, a princesa Isabel e o conde D'Eu com seu séquito decidiram ir à estação de águas, em Caxambu. Dizia-se que a princesa o fazia para se curar de uma presumida esterilidade. Durante essa estada, o casal real foi a Baependi e lá ficou por dois dias. Na ocasião, na Matriz de Nossa Senhora de Mont Serrat, foi cantado um *Te Deum* e uma missa de agradecimento (Raposo, 19). Não encontramos nenhum vestígio de um encontro com Nhá Chica, motivo pelo qual não o mencionamos.

VI
O SUMIÇO E OS TIJOLOS

A maior parte da construção da igrejinha de Nossa Senhora da Conceição estava concluída, agora era preciso começar a fazer o chapisco. Um dia, enquanto rezava, Nhá Chica ouviu Nossa Senhora lhe dizer que era necessário construir logo a sacristia porque assim se poderia prosseguir para o acabamento.

Nhá Chica tinha concordado, mas ficara um pouco aturdida, porque logo a Virgem acrescentara: "Não se preocupe, chame o operário que faz os tijolos (adobes)" – e até lhe informou o número de tijolos a serem feitos –, "depois chame o mestre de obras e lhe diga para construir a sacristia".

Como costumava fazer, ela agiu rapidamente e, uma vez que os tijolos estavam bem secos, chamou o mestre de obras e começaram as discussões!

"Nhá, vou repetir outra vez: os tijolos não são suficientes", disse aflito o mestre de obras.

A anciã o fitou: "Ânimo, não faça essa cara!". E, sorrindo, deu-lhe um tapinha na cara. "E eu lhe repito que são suficientes."

"Nhá, você não é pedreiro, como pode saber?"

"Meu filho, é claro que não sou pedreiro e não entendo de construções, mas tenho certeza de uma só coisa: minha Sinhá sabe o que diz! Se ela disse que bastam, vai ver que chegam... e eu lhe disse isso e repetirei toda vez que vier me dizer que não bastam."

"Nhá, você confia demais naquilo que sua Sinhá diz, mas ela também é uma mulher e pode ter certeza de que ela não entende de construções!"

A anciã ficou de repente muito séria: "Minha Sinhá entende sim, e muito!".

O homem, abanando a cabeça tristemente, voltou ao trabalho resmungando, decidido em seu coração que ia provar que tinha razão. Toda aquela insistência derivava do fato de que, prevendo a falta de tijolos, ia ter que suspender a construção para esperá-los, e o tempo teria passado e teria que torcer para que os dias fossem de tempo bom para fazê--los secar bem.

Nhá Chica parou para observá-lo, quando voltava para a igrejinha e, voltando-se para entrar em casa, viu uma jovem negra que estava um pouco afastada. "Nelsinha", disse-lhe aproximando-se, "o que está fazendo aqui? O que houve?"

"Nhá, posso falar com você?"

A anciã viu que ela tinha dificuldade de segurar as lágrimas e abraçou-a com ternura: "Claro, claro que pode... venha... eu estava esperando você".

Uma vez dentro da casa, a garota caiu num pranto sentido, e Nhá Chica começou a acariciar seus cabelos, enquanto ela, entre soluços, repetia: "Desculpe, Nhá... me desculpe... me perdoe".

"Não se preocupe, minha filha, é um pranto que liberta... chore, chore quanto quiser", e continuou a acariciá-la gentilmente. Tendo se acalmado um pouco, a jovem começou a narrar sua "tragédia": o seu Zé não queria mais saber dela! "Como vou fazer! Não sei viver sem ele!... o que será de minha vida sem o meu grande amor? Me diga, Nhá, ele vai voltar para mim? Caso contrário... eu... eu...", e voltou a chorar.

"Caso contrário, você vai se matar! Ele assim deverá chorar no seu túmulo... não é? Mas você já pensou que como suicida não vai poder ter seu funeral na igreja? Não vai poder ser enterrada no cemitério dos negros nem dos brancos... nenhuma irmandade vai querer você!", disse Nhá Chica, observando de soslaio sua reação. Nelsinha começou a fitá-la muito pálida e perguntou: "E onde vão me colocar?".

"Ah, não sei! Talvez no terreno em frente a um cemitério, assim...", então emitiu um longo suspiro, meio absorta: "Agora, me escute! Vamos fazer esses maus pensamentos desaparecerem? Vamos rezar juntas um pouco, está bem?". E sentaram-se próximas para rezar o rosário.

A jovem, aterrorizada por não ter nem um lugarzinho no cemitério onde poderia ver Zé chorar desesperado em seu túmulo, foi se acalmando pouco a pouco e, terminada a reza, foi logo perguntado: "Nhá, então, o que me diz? Ele vai voltar?".

"Não quer rezar a prece mais bela de todas?", replicou a anciã fingindo não ter ouvido, "minha Sinhá ficará contente se rezarmos o Salve-Rainha", e começou a entoá-la.

Logo depois, a jovem estava para lhe fazer outra vez a pergunta: "Está bem, está bem! Agora vou pedir isso à minha Sinhá".

Depois de algum tempo, Nhá Chica saiu da salinha onde estava a estátua de Nossa Senhora da Conceição e, com uma expressão séria, disse: "Escute, minha filha, não pense mais no Zé".

A jovem empalideceu, a anciã se aproximou e continuou: "Minha filha, lembre-se de que o Senhor quer o nosso bem... se ele dispôs assim, aceita a vontade dele e verá que não se arrependerá... vai encontrar outro jovem que irá gostar mais de você do que ele".

Enquanto estavam na porta, passou dona Mariquinha: "Precisa de alguma coisa hoje?", perguntou à anciã, "mando logo alguém trazer...".

Nhá Chica sorriu: "Graças a Deus tenho o necessário... Agradeço-lhe de coração. Se não estiver com pressa, venha para cantarmos juntas um Salve-Rainha para a minha Sinhá".

"Hoje não, tenho que ir à fazenda, num outro dia farei isso com prazer. Mas tem certeza de que não precisa de nada?"

"Obrigada, dona Mariquinha, mas daqui a pouco vai chegar o Felix com as verduras e as frutas e tantos outros bens de Deus. Deverei mandar chamar quem realmente tem necessidade delas."

Passaram-se alguns dias, quando Nhá Chica encontrou diante da porta dona Rosa com o marido Luigi de Luigi, um homenzarrão italiano, e a filha Gervásia, que morava num lugar chamado Vale Formoso. Via-se a dor e a tristeza em seus semblantes.

Sentaram-se ao redor da anciã e dona Rosa começou a dizer: "Nhá, viemos desafogar nossa dor com você para ter consolo e, se possível, ajuda. Meu genro Francisco, marido desta minha filha, é um comerciante que vai e volta de São Paulo... Leva para o mercado lá embaixo o que produzimos em nossa fazenda e nos arredores (polvilho, farinha, rapadura, fubá, feijão) e traz de lá o que lhe pedem".

"Porém, faz seis meses que não temos mais notícias dele...", interrompeu Gervásia, mas um nó na garganta a impediu de continuar.

Dona Rosa, embora engolindo as lágrimas como se fosse água, interveio: "Certo dia, quando Chico se preparava para partir numa de suas viagens, disse à mulher: 'Gervásia, eu chego no sábado de Ramos, prepara as crianças porque iremos a Baependi assistir à Semana Santa'. Mas passou o sábado de Ramos... passou a Semana Santa... passou-se um mês. Começamos a nos preocupar: ele nunca tinha ficado tanto tempo sem dar notícias! Meu marido Luís foi a São Paulo falar com os negociantes a quem Chico fornecia... falou com tanta gente... ele tem lá embaixo tantos bons amigos... mas nada! Fui perguntar até a alguns amigos que ficam na Corte, no Rio de Janeiro. Nem através deles conseguimos ter qualquer notícia. Então, eu pensei: 'Devemos ir pedir a Nhá Chica', e aqui estamos".

Nhá Chica, taciturna, levantou-se e disse: "Espere um pouco, dona Rosa, que vou falar com minha Sinhá".

Quando voltou, encontrou todos de joelhos. Aproximou-se de dona Rosa, tocou-lhe o ombro, e lhe disse: "Pode chorar, dona Rosa, porque não vão mais ter notícias dele nunca, nem vivo, nem morto".

Na casinha ressoaram os soluços inconsoláveis de Gervásia. Nhá Chica a abraçou e a manteve apertada longamente, até ver que se tinha acalmado um pouco e sussurrou: "Tenham fé em Deus, ele jamais nos abandona!...". Depois, voltando-se para todos, disse: "Meus filhos, devem aceitar a vontade de Deus e rezar muito, muito pela alma do Chico".

E nunca mais se teve notícias de Chico.

Tendo partido aquelas visitas, Nhá Chica foi ver como ia a construção da sacristia. Entrou e o mestre de obras fingiu estar ocupado, e até mesmo não ter percebido sua presença. A anciã olhou em volta, constatando que a construção estava terminada: "Que lindo", exclamou em voz alta, "acabou! Verdade, não é, mestre? Acabou?"

O mestre de obras de longe resmungou: "Sim, terminamos".

Nhá Chica fitou-o divertida: "Então, mestre, me parece que não houve necessidade de outros tijolos...".

"Não, foram suficientes, e mais do que isso, foram justinhos, justinhos", respondeu emburrado.

"Veja, meu filho, mesmo sendo uma mulher, minha Sinhá entende de construções... não é? Ela sabe! Ela conhece bem seu ofício! Não é verdade?"

Notas bibliográficas

O episódio de abertura deste capítulo, conhecido como o milagre dos adobes, foi relatado por Monat, 95, e Entrevista, 21; Pena, 6-7; Lefort, 34; Pelúcio, Templos e Crentes, p. 161; Biografia 2001, 53, e Positio, 104, 126; dele falam numerosos testemunhos, por tê-lo ouvido de seus parentes idosos. Ver Positio, *Summ.*, 37, 71, 136, 164. O adobe era um tijolo feito de argila e palha, cozido ao sol, segundo um antigo método de trabalho que não é mais usado.

Também relatamos uma cena de consulta relativa a problemas sentimentais, muito frequente (ver Monat, 93-94; Entrevista, 16-17). Graças aos testemunhos, sabemos também como Nhá Chica se comportava quando as respostas não eram positivas, sendo testemunha, por exemplo, o senhor José Antonio Maciel Lima:

> Quando as pessoas vinham lhe trazer os próprios pedidos, ela entrava em seu quarto com uma imagem de Nossa Senhora e voltava, depois de suas preces, trazendo a resposta; quando não era positiva, dizia que era preciso não se rebelar, mas aceitar a vontade de Deus (Positio, *Summ.*, 155-156, ver 135).

E a senhora Ana Maria Pelúcio Maciel disse: "Podia-se constatar claramente sua humildade quando, depois de ter obtido uma graça em favor de alguém, Nhá Chica dizia: 'Foi só porque rezei com fé para a Virgem e ela me escutou'" (Positio, *Summ.*, 17). Ao doutor Monat, a própria Nhá Chica disse que certas coisas aconteciam "porque eu rezo com fé" (Monat, 96, e Entrevista, 21).

A respeito do Salve-Rainha como prece preferida de Nhá Chica, todos os testemunhos concordam e também as biografias, ver, por exemplo, Pena, 5-6, Biografia 2001, 50.

Dona Mariquinha era Maria Filomena de Luigi Abrão, casada com um sírio. Estava bem de vida, tinha uma fazenda na qual se produzia de tudo (frutas, verduras, cerejas etc.) (Positio, *Summ.*, 17-18).

Quanto ao fato de que Nhá Chica recebesse muitas coisas das pessoas que iam consultá-la ou somente pedir preces, e que depois doava aos pobres, ver Monat, 93; Entrevista, 17; Positio, *Summ.*, 46. Com relação à sua horta e aos campos pelos quais Felix era responsável, vejamos o que testemunhou o senhor Flávio de Gouvea: "Meu pai me dizia também que ela distribuía verduras e frutas a todas as pessoas e, não obstante, a horta e o pomar continuavam a dar frutos abundantes. [...] Nhá Chica colhia muitos alimentos do campo" (Positio, *Summ.*, 157-158). Ainda assim, como depôs a senhora Zulmira Rezende Maciel: "Contava meu avô (Sinval) que ela vivia em grande pobreza, embora as pessoas sempre lhe fizessem doações. Ela não as conservava para si mesma, mas distribuía tudo, principalmente aos mais necessitados" (Positio, *Summ.*, 79; ver Monat, 95; Entrevista, 19). Mais adiante, falando do testamento, poder-se-á ver a extensão dos campos que tinha, partindo da casinha. Havia também equipamento para moer cana-de-açúcar e fazer açúcar (ver o testamento de Teotônio).

O triste episódio do sumiço de Chico foi contado pela bisneta dos protagonistas, a senhora Ana Maria Pelúcio Maciel, que concluiu, dizendo: "Realmente, até o dia de hoje, ninguém da família teve notícia dele. Essa foi uma profecia de Nhá Chica que se realizou totalmente" (Positio, *Summ.*, 19).

VII
DECORAÇÃO DA IGREJINHA

A construção da igrejinha e da sacristia tinha terminado. O acabamento também ia bem. O pintor tinha caiado as paredes e ressaltado os enfeites do estuque, na verdade poucos, mas que davam um toque de beleza; também tinha pintado o altar imitando o mármore cinza com estrias e Nhá Chica podia dar-se por satisfeita.

"Nhá", disse um dia o pintor, "não se pode deixar o teto assim sem uma pintura decorativa". E, já que Nhá Chica o fitava concordando, o homem continuou: "Vê como a igreja parece nua? Se eu fizer um belo céu azul, tudo vai ficar mais bonito... a igreja vai ficar muito melhor. Como o andaime ainda está aí, fica mais fácil... Num dia futuro será preciso remontá-lo... então, Nhá, o que me diz? Vou em frente?".

Todavia, o sorriso tinha desaparecido de seus lábios porque a anciã, dando de ombros, tinha respondido: "Minha Sinhá é quem sabe!" e, dando-lhe as costas, foi embora.

O pintor tinha resmungado alguma coisa e continuou a trabalhar. À tardinha, quando estava para terminar o dia, viu-se diante de Nhá Chica, que lhe disse: "Nivele bem o pavimento da sacristia, feche a porta e leve a chave. Insisto que faça bem lisinho".

O homem sorriu meio embaraçado: "Nhá, pode me dizer por que devo alisar bem a areia do chão da sacristia?".

"É simples, assim amanhã vai conseguir ver melhor o desenho que deve fazer no teto da igreja".

O pintor olhou-a, pensando: "Essa velha é realmente meio estranha!".

Nhá Chica, meio divertida, perguntou: "No que está pensando? Que estou meio esclerosada?".

"Não, não", respondeu envergonhado, "pensei... pensei que podemos encontrar o pavimento bem lisinho como nesta tarde ou com um belo desenho feito pelos ratos que vierem passear hoje à noite...", e num tom bem irônico, acrescentou: "Ou seja, um rabisco original!".

"Amanhã de manhã, veremos se você tem razão", respondeu a anciã e se despediu dele.

Na manhã do dia seguinte o pintor foi bater à porta: "Nhá, bom-dia, vamos ver se existe um desenho?".

Nhá Chica saiu rápido: "Você tem um lápis e um pedaço de papel?".

"Na verdade, só tenho os olhos! E uma boa memória!", respondeu com um toque de ironia.

"Preste atenção, ache um lápis e uma folha de papel!"

O pintor procurou nos bolsos: "Fique tranquila, Nhá, tenho tudo". Pegou a chave e abriu a sacristia: desenhado na areia havia um belo ostensório cercado de nuvens. Ficou de boca aberta.

"Existem ratos por aqui que desenham bem, não é verdade?", disse a anciã rindo, e acrescentou: "Preste atenção, estude bem o desenho porque tem que fazê-lo igualzinho".

102

O pintor não a ouvia mais, ficou ali alheio a tudo, olhando e esboçando o desenho na folha de papel. Nhá Chica ficou imóvel admirando como surgia uma imagem naquele pedaço de papel em branco, quando uma voz de mulher a chamou lá de fora: "Nhá!... Nhá!... Onde você está?".

Ela saiu e viu uma jovem toda aflita: "Jurema, o que foi?".

"Nhá, meu irmão... o meu irmão José... não conseguimos encontrá-lo... sumiu de casa... sabe que ele não tem a cabeça muito boa... Nhá, ajude-nos!"

Nhá Chica a apertou contra o peito: "Calma, se acalme, minha filha... Tenha fé, vai achá-lo são e salvo".

"Mas onde, Nhá? Desde cedo os meus pais e todos os vizinhos estão procurando... estão mortificados e abatidos porque não encontraram nem sinal dele".

Nhá Chica ficou alheia por alguns momentos, até que Jurema a sacudiu, chamando-a: "Nhá... Nhá... está se sentindo bem?".

Como resposta a anciã a fitou intensamente e disse: "Procuraram bem no bananal?".

"Acho que sim... procuraram em todo lugar!"

"Vá você... José está sentado debaixo de uma bananeira, lá onde o sol se põe... mas tenha cuidado".

A garota lançou-se na direção do bananal. Encontrou o irmão agachado sob uma árvore. Chamou-o e estava se aproximando, quando José se pôs a gritar e a ameaçou com um pedaço de madeira. A pobrezinha, assustada, correu para chamar os pais. Mas ele não deixava ninguém se aproximar: parecia possuído pelo demônio.

O dia já tinha quase acabado, quando Jurema voltou para Nhá Chica e contou o que estava acontecendo: "Nhá, eu lhe peço, venha você, vejamos se consegue chegar perto dele e acalmá-lo".

A anciã, pegando seu guarda-chuva de costume, seguiu-a sem falar. Via-se que rezava o rosário que segurava com a mão direita. Parecia uma pequena procissão: Jurema na frente, Nhá Chica atrás, seguida pelo cãozinho. Chegando ao bananal, viu os pobres pais que choravam porque não podiam nem se mostrar... José parecia um animal feroz. Até o cachorro começou a latir.

Nhá Chica logo o pegou: "Fique bonzinho, não lata! Deite-se e não se mova!". O cão a fitou e obedeceu. Ela se aproximou dos pais e lhes disse: "Ajoelhem-se e rezem", e, deixando-os, começou a se aproximar do jovem. Ele disse palavrões e a ameaçou, mas ela tentava com voz tranquila apaziguá-lo, até que chegou bem perto e lhe estendeu a mão. José a olhou por um bom tempo rangendo os dentes, depois estendeu sua mão. A anciã a apertou, continuando a lhe falar gentilmente, depois o abraçou e o manteve por bastante tempo entre os braços. Quando percebeu que ele tinha se acalmado, lhe disse: "Quer ir até seus pais? Eles gostam de você... Você é a menina dos olhos deles... Vai deixá-los felizes e você também ficará feliz! E, então, vamos?".

José, dócil como uma criança, acenou afirmativamente com a cabeça e, seguindo Nhá Chica, se aproximou lentamente dos pais e da irmã.

Nhá Chica, seguida pelo cãozinho, estava voltando para casa, tinha apenas começado a subir a colina, quando ouviu um grito. Viu que um carro de bois, carregado de abacaxis, descia como uma avalanche. Marcos, um rapaz de uns 16 anos, visivelmente inexperiente, não conseguia dirigi-lo e gritava, gritava de medo e para que as pessoas saíssem da frente. No fim, tudo tombou. A carroça esvaziada atingiu os bois, que acabaram ajoelhados no chão com as patas traseiras em desalinho. Os mugidos não prenunciavam nada de bom. Marcos, ao contrário, tinha sido catapultado quase aos pés de Nhá Chica.

A anciã se precipitou para ele, que não parecia ter quebrado nada e apresentava apenas numerosas escoriações e uma luxação no ombro.

O pobrezinho, logo que se viu perto de Nhá Chica, sem prestar atenção a seus machucados, lhe disse, chorando: "Meu pai é muito severo, tenha compaixão de mim... me ajude... me esconda, eu imploro".

"Pode andar?", perguntou-lhe a anciã.

"Sim."

"Venha comigo, vou lavar suas feridas."

"Nhá, mas o carro com os bois e os abacaxis... que desgraça... meu pai vai me matar!"

"Deixa pra lá a carroça e os bois... depois cuidaremos deles também, agora venha comigo."

Enquanto desinfetava os ferimentos e o enfaixava, Marcos choramingava, repetindo como uma ladainha seu medo do pai.

"Fique tranquilo, os bois estão bem, daqui a pouco vamos sair, chamo o Felix e um pouco de gente da vizinhança e recolhemos os abacaxis."

E assim foi. Os bois foram ajudados a se erguerem e constatou-se que não tinham quebrado nada; estavam terminando de arrumar a canga e de recuperar os abacaxis espalhados na ribanceira, quando chegou a cavalo o pai do rapaz.

"Desgraçado! O que você aprontou? Vou fazê-lo em pedacinhos, seu incapaz!", começou a gritar, dirigindo-se ameaçador para Marcos.

O rapaz correu para Nhá Chica e se escondeu atrás dela. A anciã permaneceu parada e, quando o homem se aproximou, ela o enfrentou com firmeza: "Pare aí e não dê nem um passo adiante! É sua culpa, não do menino! Você é um irresponsável! Deveria primeiro ensiná-lo a dirigir o carro e só depois confiar-lhe essa responsabilidade! Não toque um dedo no menino, caso contrário, pego meu guarda-chuva e lhe arrebento a cabeça!".

O homem, vendo-a assim destemida, ficou intimidado e abaixou a cabeça, concordando. Os vizinhos que tinham vindo correndo para ajudar, ficaram atônitos: nunca tinha visto a anciã tão brava.

Nhá Chica, fazendo de conta que nada acontecera, riu para si mesma e disse para seu coração: "Muito obrigada, minha Sinhá, por ter feito com que esse homem não percebesse que eu seria incapaz de bater até numa galinha com o guarda-chuva".

Daquele dia em diante, toda vez que Marcos e o pai passavam por lá deixavam diante da porta de Nhá Chica um cesto contendo aquilo que estivessem transportando.

Notas bibliográficas

De acordo com o que foi relatado por Lefort, 34, a capela media "34,35 de comprimento por 8,20 de largura". Sabemos através do senhor Aníbal da Silva que "o altar existente na casinha que foi de Nhá Chica foi retirado da igrejinha que ela mesma construiu, e que quando modificaram a igreja foi feito um outro altar" (Positio, *Summ.*, 125).

Daquilo que Nhá Chica construiu, segundo o testemunho do senhor Antonio Lopes dos Santos, "foi necessário remover quase tudo, porque a original era feita de adobe (tijolo de barro secado ao sol) e com o passar do tempo estava se desfazendo" (Positio, *Summ.*, 97). Contou a senhora Zulmira de Rezende Maciel:

> Nos tempos do Padre Inácio Kush (de origem alemã), ele demoliu a capela original, construindo outra no mesmo lugar. O construtor responsável foi meu pai, Sebastião Honório de Rezende, e o encarregado era José Patrocínio de Souza, meu tio. Quando desfizeram o local onde ela estava sepultada, construíram ao redor da sepultura uma casinha de madeira (eu me lembro dela), fechada

com um cadeado e, além disso, para maior segurança, mantinham ali um cão feroz. Esse cachorro pertencia à Irmã Emmanuela (ela também de origem alemã), do Colégio Santo Inácio. O cão se chamava Nero (Positio, *Summ.*, 77).

A igrejinha construída por Nhá Chica foi demolida em 1942 e reconstruída com maiores dimensões, tanto que o túmulo que antes ficava no eixo com a porta de entrada foi descentralizado: "A igreja foi alargada lateralmente, sempre dentro do terreno, por isso o túmulo – que antes ficava defronte à porta principal – ficou ao lado" (ver Positio, *Summ.*, 124).

O santuário atual é a terceira reconstrução da igrejinha.

Na descrição resumida de Monat se fala de "decoração, imagens, vasos" providenciados pela anciã (Monat, 98; Entrevista, 28). Através da biografia de Pena, 6-7 e dos testemunhos em Positio, *Summ.*, 63, 154-155; Biografia 2001, 53-54, fica-se conhecendo o motivo pintado no teto: um ostensório em glória, isto é, contornado por nuvens luminosas; e, felizmente, viemos a saber por que foi pintado. Como enfatizou Monat, Nhá Chica "não cessa de repetir os nomes dos que têm contribuído para sua obra, especialmente o do falecido Visconde do Cruzeiro" (Monat, 98; Entrevista, 28). Jeronymo José Teixeira, nascido no Rio de Janeiro em 25 de novembro de 1783, morreu em Roma, em 26 de dezembro de 1892. Foi diretor do Banco do Brasil, depois eleito deputado da Assembleia Provincial duas vezes, deputado geral em outras ocasiões e Ministro da Agricultura em 1870. Eleito senador do império em 1873, Cavaleiro da Casa Imperial, recebeu o título de conselheiro do imperador e conselheiro de Estado. Com o decreto de 13 de junho de 1888, Dom Pedro II o agraciou com o título de Visconde do

Cruzeiro. Ver: *Nobreza de Portugal e Brasil*, dirigido por A. E. Martins Zuquete, 2. ed., Lisboa, Editorial Enciclopédia, 1989, III, p. 600.

O episódio de José se inspira no que foi narrado pela professora Jurema Cândida dos Santos (Positio, *Summ.*, 135, 136, 140), enriquecido com alguns detalhes mencionados por outros testemunhos (Positio, *Summ.*, 135, 136, 140).

Com relação ao cachorrinho de Nhá Chica, ver Positio, *Summ.*, 165. O episódio dos bois e dos abacaxis foi contado pela senhora Clélia de Castro Pereira, sobrinha do protagonista Marcos (Positio, *Summ.*, 139).

Pelúcio, em *Templos e crentes*, p. 149, narra como a porta da capela foi feita, com pranchas de cedro, por um homem que tinha perdido um boi e que depois, baseado em indicações de Nhá Chica, o tinha reencontrado.

VIII
O VEREADOR PEDREIRA

Nhá Chica estava voltando para sua casa, quando viu galgar a ladeira uma carruagem daquelas usadas por personagens importantes. Curiosa, parou no limiar da porta para ver quem estava passando por ali, quando o veículo parou bem diante dela.

Um homem elegantemente vestido desceu e lhe perguntou: "A senhora é dona Francisca?".

Nhá Chica, com uma expressão muito doce, concordou com a cabeça. Então, ele continuou: "Sou João Pedreira do Couto Ferraz, conselheiro de Sua Majestade o imperador Dom Pedro II. Posso, junto com meus acompanhantes, conversar com a senhora?".

"Claro, por favor", respondeu a anciã e abriu a porta que estava apenas encostada.

O conselheiro virou-se para a portinhola da carruagem e estendeu a mão para a mulher, dona Felipa Amália Bulhões, depois à filha mais velha Maria Elisa, que em família era chamada de Zélia. Por último desceu o Padre João Batista Siqueira.

"Queiram se acomodar... felizmente tenho cadeiras suficientes", disse Nhá Chica um tanto cerimoniosa mas irônica.

O conselheiro tratou de fazer as apresentações das mulheres e do amigo capelão Padre Siqueira e, então, disse: "Estamos aqui para descansar um pouco nas termas de Caxambu e achamos necessário vir fazer-lhe uma visita para termos uma palavra sua de estímulo e consolo".

A anciã ouvia com atenção e com uma expressão serena, enquanto seus olhos acariciavam seus vultos, demorando-se muitas vezes no semblante de Zélia.

"Todos falam de Nhá Chica em Caxambu... é assim que a chamam, dona Francisca, informalmente", interrompeu o Padre Siqueira, "e é quase um dever vir a Baependi fazer-lhe uma visita...".

"Não um dever", esquivou-se ela.

"Ora! Se não é um dever... digamos: uma necessidade!", e caiu na risada, contagiando todos os presentes.

"Uma necessidade de escutar seus conselhos", interveio o conselheiro, trazendo de volta uma atmosfera de serenidade.

Nhá Chica, como a desviar do assunto, perguntou: "Como se chama esta bela mocinha?".

Feliz por ter sido introduzida na conversa, ela respondeu: "Maria Elisa, mas me chamam de Zélia".

"E o que faz a Zélia?"

Dona Felipa interveio: "Nós lhe demos uma excelente educação. Conhece idiomas como o inglês... o francês... o italiano... o latim... o alemão e o grego".

À menção de cada idioma, Nhá Chica feliz batia palmas.

"Também estudou Ciências Naturais e é uma pianista requintada", acrescentou o pai.

"Oh!", exclamou a anciã sorrindo radiante e dizendo: "Parabéns! parabéns! E o que pretende agora?".

Ainda não tinha terminado de falar e dona Felipa a interrompeu: "Um bom marido!".

"Um bom marido!", repetiu o pai com um ar de preocupado.

"Mas não, não... que marido!... mas que bom marido?!", aparteou o Padre Siqueira, "esta moça merece mais: umas bodas celestes com o Senhor... não é verdade, Zélia?".

A moça concordou, fitando Nhá Chica, como se pedisse ajuda para persuadir os pais, mas a anciã tinha se transformado numa máscara impassível.

O conselheiro e a mulher disseram quase juntos: "É a primeira filha... melhor que se case com um bom partido... queremos tanto netinhos".

"Com a sua sensibilidade espiritual e educação, pode ser a mãe fundadora de minha congregação... terá muitas filhas espirituais para orientar e fará o bem a tantas meninas pobres... vai ajudá-las educando-as, transmitindo-lhes tudo que teve a sorte de aprender... Quantos filhos poderia ter ao casar-se com um homem? Dez?... Quinze?... Se permitirem que se torne a fundadora, ela vai ter cem!... mil!... Não poderiam ser todas suas netinhas? Quanta recompensa não obteriam para o Reino dos Céus?", disse o Padre Siqueira se entusiasmando, ele que estava pensando em fundar uma congregação religiosa feminina dedicada justamente à educação de meninas pobres.

"Zélia, Zélia é a pessoa certa... e ela quer, não a impeçam de realizar esse sonho!", continuava a repetir o sacerdote, deixando consternados o conselheiro e a mulher que, vendo a filha muito propensa a se deixar persuadir, se tornaram categóricos: "Não, absolutamente não! Não tem a nossa bênção".

Nhá Chica escutava e não dizia nada.

Pedreira, a essa altura, achou que devia falar: "Entendeu, dona Francisca, o dilema que estamos vivendo nestes últimos anos? E viemos aqui para ouvir um conselho seu".

A anciã o olhou e respondeu: "É preciso rezar muito...".

Nem havia acabado de falar e o Padre Siqueira interrompeu: "Tínhamos a intenção de celebrar a santa missa em sua igrejinha e rezarmos juntos".

Nhá Chica se levantou: "Com prazer... só esperem que eu avise meu criado para que vá fazer os preparativos" e, saindo, chamou Felix, que estava na horta, e lhe deu as instruções necessárias, retornando. "Podemos nos dirigir à igrejinha".

O trajeto foi feito em silêncio. Cada um estava imerso em seus próprios pensamentos; o sacerdote e as mulheres entraram, enquanto o conselheiro, ficando de propósito ao lado da anciã, lhe sussurrou ao ouvido: "Reze por minha filha, pedindo a Nossa Senhora que a inspire com relação ao que deve fazer".

Todos participaram da missa e aderiram à santa comunhão. Quando estavam para sair, Nhá Chica disse a Pedreira: "Sua filha Zélia vai se casar, terá muito filhos, mas no fim será toda de Nosso Senhor".

O homem, fitando sua mulher, parecia ter acordado de um pesadelo, tomou a mão da anciã e a beijou.

O Padre Siqueira, que tinha ouvido, aproximou-se e perguntou: "E eu, o que vou fazer?".

"Fará muito bem fundando uma bela congregação em Petrópolis, como é seu sonho, mas Zélia foi chamada a seguir caminhos diferentes."

Depois de alguns dias, o conselheiro do império João Pedreira do Couto Ferraz enviou o soneto abaixo a Baependi:

Mulher humilde, tu és mais humana:
Vives na terra e já estás nos céus!
O teu poder dum profeta irmana,
Lendo o futuro, rompes os densos véus.
Se à Virgem rezas, o moribundo sara!
Pedes por muitos e te atende Deus.
Qual é a fonte que ele irmana?
Qual é a razão dos privilégios teus?
Ah! Já conheço é a virtude trina?
Tens a Esperança de verdadeiro crente,
A FÉ robusta que jamais declina.
Tens a CARIDADE! Essa flor olente
Mora em tu'alma, Virgem, divina!
– Eis o segredo do seu dom ingente.

Estávamos em 1873. O conselheiro pôde constatar aquela profecia de Nhá Chica: de fato, em 27 de julho de

1876, Zélia casou-se com o doutor Jerônimo de Castro Abreu Magalhães.

Voltando a Caxambu em outra ocasião, o conselheiro foi se encontrar de novo com a anciã e contou-lhe que sua filha tinha se casado.

Dona Zélia teve 13 filhos. Quatro morreram quando pequenos, mas todos os outros nove se dedicaram à vida religiosa. Ficando viúva em 1909, dedicou-se a cuidar do pai doente. Com 62 anos (1918), enfim, realizou o sonho de servir a Deus no claustro e entrou para o Convento das Servas do Santíssimo Sacramento, do Rio de Janeiro, onde, em janeiro do ano seguinte, se tornou a Irmã Maria do Santíssimo Sacramento por poucos meses, porque morreu em setembro.

Notas bibliográficas

O encontro com o vereador Pedreira é narrado por Pelúcio em *Templos e crentes*, pp. 158-160; Positio BD, 45-46, 105-106; Positio, *Summ.*, 25, 142; Biografia 2001, 66-67, 88. O Padre Siqueira fundou a Congregação do Acolhimento, em Petrópolis.

Todos os detalhes sobre as várias figuras descritas e a vida de Zélia foram tirados de C. E. A. Barata; W A. H.

Cunha Bueno, *Dicionário das Famílias Brasileiras*, Rio de Janeiro, 1999 (verbete "Fazenda Santa Fé", em "Inventário das Fazendas do Vale do Paraíba Fluminense", Trevo da RJ-144 e RJ-148 – Carmo (sentido de Cantagalo – RJ), 2010, 133-158; F. Pedreira de Castro, *Irmã Zélia*. Breves traços de sua vida, em homenagem à mãe brasileira, 6. ed., São Paulo, 1973, J. Pedreira de Castro, *Segundo livro de Zélia* (*Irmã Maria do Santíssimo Sacramento*), 6. ed., Petrópolis, Editora Vozes, 1946. Segue um breve resumo da história de Zélia.

A jovem Maria Elisa Bulhões Pedreira de Couto Ferraz, mais conhecida como Zélia, primogênita do conselheiro imperial João Pedreira do Couto Ferraz, um homem erudito, letrado, secretário do Supremo Tribunal do Rio de Janeiro e de dona Filipa Amália de Bulhões, pertencente a uma família rica de Niterói, tinha recebido em casa uma formação cultural notável de vários professores: falava diversas línguas (inglês, francês, italiano, alemão, latim e grego) e tinha estudado Belas-Artes e Ciências Naturais, além de ser uma excelente pianista. Desde tenra idade se dedicava à vida espiritual, nutrindo o sonho de se tornar freira. O pai, muito preocupado, foi consultar Nhá Chica e aconteceu tudo aquilo que foi contado. A profecia da "santa de Baependi" se realizou totalmente. Em 27 de julho de 1876, casou-se com o doutor Jerônimo de Castro Abreu Magalhães. Após o casamento, Jerônimo e Zélia moraram por uns tempos em Petrópolis e, depois, aceitaram o convite do pai e do tio de Jerônimo, Monsenhor Bacellar, para irem morar no campo, adquirindo a Fazenda Santa Fé, perto do Carmo.

De seu matrimônio nasceram treze filhos, dos quais quatro morreram muito pequenos, enquanto os outros nove se dedicaram à vida religiosa: Maria Elisa, Maria Amália, Maria Rosa, Maria Leonor, Maria Bárbara, Maria Joana, Jerônimo, João José e Fernando. Os três homens se tornaram sacerdotes (franciscano, lazarista e jesuíta) e as seis mulheres religiosas de diferentes congregações.

Por motivos de saúde, o português Antonio Pinto Correa Junior recebeu um convite para passar uns tempos na Fazenda Santa Fé e, durante sua estada, escreveu um livro intitulado *Da corte à fazenda de Santa Fé – Impressões de viagem*, publicado no Rio de Janeiro, Typ. Universal de E. & H. Laemmert, em 1879, em que se fala da passagem da família real pela fazenda. Deste documento ficamos sabendo que, na fazenda em que se produzia muito café, existiam 300 escravos. Eram, porém, tratados com respeito e consideração, tanto que na fazenda não se permitiam castigos. Havia uma remuneração pelos serviços prestados e os escravos mais merecedores eram premiados com a alforria em determinados períodos do ano. Também recebiam uma educação religiosa e se rezava todos os dias, antes do trabalho. As uniões eram feitas através de matrimônios legítimos, com oferta de espaço privado para os casados na senzala (habitação dos escravos). Segundo o que foi relatado por Correa, dona Zélia cuidava pessoalmente dos escravos necessitados e da educação religiosa de mais de 200 crianças. Com a abolição da escravidão, muitos escravos manifestaram a vontade de permanecer na fazenda, passando a ser dependentes e recebendo o sobrenome de Castro Magalhães.

O doutor Jerônimo morreu em 1909 e dona Zélia se dedicou à vida religiosa, dividindo-se entre a administração da fazenda Santa Fé e assistindo seu pai, João Pedreira, muito doente. Depois da morte do pai, pode realizar seu grande sonho de servir a Deus no claustro do Convento das Servas do Santíssimo Sacramento, no Rio de Janeiro. Assim, em 1918, com 62 anos, doou todos os seus bens e entrou para o Convento das Irmãs Sacramentinas. Em janeiro de 1919 fez sua profissão de fé, adotando o nome de Irmã Maria do Santíssimo Sacramento, vindo a falecer em setembro.

O episódio da profecia é importante também para se estabelecer a cronologia da igrejinha: se foi em 1873, quando "certo dia resolveram ir, em romaria, à igreja da Conceição, em Baependi. O Padre Siqueira celebraria a missa e todos receberiam a santa comunhão", escreveu o Padre Jerônimo Pedreira do Castro, filho de dona Zélia, no *Segundo livro de Zélia (Irmã Maria do Santíssimo Sacramento)*, Petrópolis, Editora Vozes, 1943, p. 331 (ver Positio, 106; Biografia 2001, 67). Então, isso significa que a igrejinha já tinha sido terminada, e era conhecida devido à Nhá Chica (ver Monat, 92), embora não tivesse sido ainda inaugurada oficialmente.

IX
O ÓRGÃO

Era uma agradável manhã de abril. Nhá Chica, vestiu um casaco, colocou ao redor da cabeça um grande lenço, pegou o eterno guarda-chuva e saiu para a rua. Foi dar uma olhada no pedreiro que estava terminando alguns remendos de reboco na capela.

"Bom dia, mestre", disse com aquele tom de voz que só de ouvi-lo a gente ficava alegre.

O homem deixou o que estava fazendo e foi-lhe ao encontro: "Bom-dia, bom-dia, dona Francisca! Aonde vai nesta bela manhã?".

"Devo ir urgentemente ao vigário... está tudo bem aqui? Acha que vai acabar hoje?"

"Sim... talvez... ainda tenho que fazer um pouco de massa corrida nos degraus do altar... se não acabar hoje, com certeza amanhã..."

A anciã quase não prestou atenção ao que ele falava e disse: "Está bem... tudo bem. Agora tenho mesmo que ir".

Quando começou a descer a colina, se virou e viu que seu cãozinho não a seguia: "Ora! Vai ver que hoje está com sono", disse com seus botões. Cruzou com algumas pessoas que a cumprimentaram educadamente, mas ela, embora respondendo, não parou nenhuma vez como costumava fazer. Chegando à igreja paroquial, foi direto para a sacristia, onde sabia que encontraria àquela hora o Padre Marcos Pereira Gomes Nogueira.

"Oh! Que prazer vê-la logo cedo, dona Francisca", disse cerimoniosamente o pároco, indo a seu encontro.

"Sua bênção, padre", respondeu ela sorrindo e, mudando de tom, disse: "Preciso falar-lhe com urgência".

"Espero que não seja nada de grave, dona Francisca... como vão os trabalhos lá em cima?"

"Bem... bem", respondeu secamente a anciã.

O pároco a fitou preocupado e, percebendo a pressa que tinha em lhe falar, disse: "Dona Francisca, escolha onde posso escutá-la com atenção".

Nhá Chica, enquanto isso, tinha se dirigido para um canto do salão onde havia duas cadeiras: "Aqui", disse.

Sentaram-se e ela disse num tom sério: "Esta noite sonhei com minha Sinhá", e parou, olhando-o fixamente.

O Padre Marcos, relaxou a tensão que repentinamente o tinha dominado e, acenando afirmativamente, com um ligeiro sorriso, disse: "Não é a primeira vez, dona Francisca...".

Ela continuou pensativa: "Sim, tem razão, mas desta vez minha Sinhá estava séria... logo que me apareceu, eu fui feliz a seu encontro e lhe disse: 'Sinhá, viu que lindo? A igreja que me pediu está quase pronta e já podemos pensar quando inaugurá-la'. Ela me olhou e respondeu: 'Sim, é bela, mas... não tem um órgão!'".

Eu lhe respondi: "'Claro, minha Sinhá, já vou providenciar... amanhã, logo que me levantar, vou buscar o órgão!'. Minha Sinhá sorriu e disse: 'Está bem... sei que você é uma filha devota e obediente'. Foi aí que acordei, e fui tomada por uma forte inquietação".

"E por quê?", perguntou o pároco.

"Porque devia lhe fazer uma pergunta..."

O sacerdote, sorrindo divertido, retrucou: "E qual era o motivo?... você tem confiança nela e pode fazer perguntas toda vez que quiser".

"Não", reagiu a anciã, "não... não quero perturbá-la!".

"O que há de tão importante que deveria ter lhe perguntado?" perguntou o pároco com um pouquinho de ironia.

Nhá Chica, envergonhada, tergiversou um pouco, sorriu e disse: "O motivo pelo qual vim aqui com tanta pressa nesta manhã...".

"E o que é?"

"Padre vigário... padre vigário..."

"Sim, me conte... estou aqui para ouvi-la!"

"O que é um órgão?", e ficou vermelha de vergonha.

Padre Marcos deu uma boa risada.

"Eu sei", continuou a anciã, "sou velha, ignorante e analfabeta... e tem que me aguentar!". E riu também para livrar o pároco do constrangimento, já que com certo atraso deu-se conta de ter exagerado um pouco.

"Querida dona Francisca, o órgão é um instrumento musical que acompanha as cerimônias solenes nas grandes igrejas... nossa catedral de Mariana tem um lindíssimo enviado pelo Rei João V, de Portugal... seu som preenche de harmonia o edifício e eleva os corações ao Senhor".

"Ah, é? E por que não tem um na nossa igreja matriz?", perguntou logo, como uma menininha impertinente.

"Bem, ora bem... querida dona Francisca, e está aí o problema! Não o temos nem aqui na matriz porque é um instrumento muito caro... deveria fazer à Virgem outra pergunta: 'Como faço para comprá-lo?', mas, você, pobrezinha, não sabia o que era um órgão... agora que sabe, diga-lhe que custa muito caro e que, para um ambiente como Baependi..."

Nhá Chica ficou sombria: "Custa muito? E daí? Minha Sinhá o quer!...".

"Dona Francisca, acredite em mim, é preciso muito, muito dinheiro mesmo."

"E quanto?..."

"Muitíssimo".

"Ora, o dinheiro... o dinheiro eu acho... não é esta a dificuldade!... se minha Sinhá me pediu, tenho que contentá-la...". E, em seguida, disse com muita segurança: "Além disso, vou pedir-lhe que me ajude!".

O Padre Marcos, abanando a cabeça meio desapontado, disse: "Dona Francisca, agora que acabou de construir a igrejinha que Nossa Senhora lhe pediu, vamos inaugurá-la, depois, com o tempo, recolhe o dinheiro e compra também o órgão".

A velhinha, educada, mas com firmeza, retrucou: "Padre vigário, não se preocupe... primeiro compramos o órgão e depois inauguramos a igrejinha... é melhor que esteja completa quando a inaugurarmos, não acha?". E fitando-o serenamente, continuou: "Minha Sinhá me pediu e eu nunca discuto... nunca faço nada de minha própria iniciativa".

O pároco, desanimado, ergueu os braços.

Nhá Chica, entretanto, feliz e envaidecida, se levantou, pegou sua mão e a beijou: "Padre, me abençoe, tenho o que fazer... devo ir recolher o dinheiro... tenha um bom dia", e saltitante foi embora.

Não havia passado nem uma hora e metade de Baependi já sabia que precisava juntar dinheiro para comprar o órgão.

Quando voltava para casa, Nhá Chica encontrou João Castro, da Vila de São Pedro, fitou-o sorrindo e disse: "Não pense que meu cãozinho morreu! É um preguiçoso, só está dormindo". João se assustou porque realmente tinha visto o cãozinho deitado imóvel e pensado que estivesse morto. Com medo, ele se aproximou e lhe beijou a mão, balbuciando: "Nhá, mas eu só pensei isso!...".

"Eu sei, eu sei, por isso quis tranquilizá-lo."

Um pouco mais tarde Nhá Chica, assomando à porta de sua casa, chamou o primeiro menino que viu passar: "Me faça um favor, meu filho, vá correndo ao maestro Francisco Raposo...".

Viu na cara do menino que este não sabia aonde ir porque não conhecia o maestro e nem tinha ideia de onde procurá-lo. A anciã olhou ao redor. Como era de costume, a curiosidade tinha feito aparecer outros meninos e meninas que brincavam ali perto, então, perguntou: "Quem sabe onde mora o maestro Raposo?".

"Eu, eu", respondeu um rapazinho e, instantes depois, se aproximaram outros que dos cochichos entenderam quem era e onde morava. Todavia, como tinha se criado um pouco de confusão, Nhá Chica bateu palmas: "Ei! Fiquem quietos um instante! Entendi que sabem aonde ir, então digam-lhe, se estiver lá, ou a sua mulher: 'Nhá Chica está procurando o senhor, vá à casa dela o quanto antes'. Vamos, se mexam!". E como uma nuvem de moscas, fazendo um barulho ensurdecedor, o bando todo desapareceu.

Não se passou muito tempo e um grupinho quase sem fôlego voltou e não se sabia quem devia falar primeiro para merecer a eventual recompensa. No fim falaram todos juntos e a anciã não entendeu nada.

"Ai! só um... um só fala! Então, fale você", terminando com a confusão e indicando o rapazinho que primeiro tinha dito saber onde morava o mestre. Ele se adiantou orgulhoso e relatou: "Dona Francisca, o mestre disse que virá mais tarde".

Nhá Chica entrou na casa, deixando atônito o grupo que já começava a se dispersar desiludido! Alguém, porém, tinha dito baixinho: "Esperem... esperem...", e, pouco depois, de fato, a anciã reapareceu com um cestinho cheio de biscoitos. Todos aqueles rostinhos se iluminaram, pois lhes tinha dado muita fome, à vista daquele bem de Deus. Seus olhos se iluminaram como faróis na noite e, de forma ordeira, se aproximaram pegando um biscoito da cesta para depois correrem como lebres a um cantinho da rua onde pudessem devorá-lo avidamente.

"Com licença, Nhá?", perguntou, batendo na porta entreaberta, o maestro Raposo.

"Entre, entre", respondeu a voz lá de dentro.

E, depois dos cumprimentos de sempre, os dois se sentaram. Ela pegou sua mão e, sorrindo de satisfação, disse: "Mestre, meu filho, preciso de você. Minha Sinhá pediu um órgão para a igrejinha...", e caiu na risada. "Meu filho, eu não sabia o que era, mas depois o padre vigário me explicou e me disse...".

"Que era preciso muito dinheiro", continuou o mestre, "e você se pôs a recolher o dinheiro a ser acrescentado ao seu... eu também fiz minha oferenda! Então, já o comprou?"

Nhá Chica olhou-o divertida: "Este é o motivo pelo qual o fiz vir aqui. Tenho esta boa quantia! Creio que será suficiente...".

"Sim, Nhá, é suficiente também para o transporte que, porém, prevejo ser bem difícil... mas não é impossível".

"Ótimo, é assim que gosto... nada é impossível... Além disso, minha Sinhá pediu, portanto!... Mas, escute bem, minha Sinhá me disse também aonde ir comprá-lo, assim você não perde tempo. Vá ao Rio de Janeiro, na Rua São José, n. 73... Sim, sim, ela disse assim mesmo. Quando pode ir?"

O mestre pensou um pouco: "Daqui a duas semanas... não posso ir antes. Depois verei como transportá-lo... está bem... digamos dentro de alguns meses... enfim, calcule que, se tudo der certo, lá pela metade de novembro vai tê-lo na capela".

Nhá Chica bateu palmas como uma menininha repleta de felicidade e acrescentou: "Que bom! Assim há tempo para preparar uma inauguração solene da igrejinha para o dia 8 de dezembro, o dia de Nossa Senhora da Conceição! Que maravilha! Minha Sinhá vai ficar contente…".

Chegou o dia em que o maestro Raposo foi para o Rio de Janeiro e, depois, o dia em que Nhá Chica foi informada de que o órgão finalmente tinha chegado de trem, na Barra do Piraí. Lá estava, esperando Antônio Augusto Pereira, com um carro de bois para fazê-lo chegar à Baependi. Antônio fazia transporte com carros de bois e, quando passava por Baependi, não deixava de ir se encontrar com Nhá Chica para rezarem juntos, portanto, fez tudo com prazer e não quis absolutamente ser pago.

"Nhá, está lembrada de quando me fez achar o boi?", perguntou Antônio.

"Não tem nada a ver… você enfrentou tantas semanas de viagem!…", ela tinha respondido, mas não havia nada a fazer, o homem estava irredutível.

A viagem, na verdade, tinha durado três semanas, porém, dizia Antônio que tudo correra sem problemas, parecia que quando chegava às paradas tudo já estava programado tanto para o carro quanto para os bois, e até para ele que era o condutor.

Quando o órgão chegou nas cercanias da vila, a notícia se espalhou e todos correram para ver esse instrumento desconhecido. Parecia que estava chegando em visita o imperador, tal foi a mobilização geral. Inútil dizer que os meninos foram ao encontro do carro antes que entrasse na vila, a fim de serem os primeiros e, depois, darem uma de mensageiros e informarem o que tinha acontecido. Até mesmo o Padre Marcos assomou no átrio para assistir à procissão espontânea que acompanhou o carro até a igrejinha da Conceição. Nhá Chica, logo que foi informada, mandou Felix tocar os sinos.

Centenas de olhos acompanharam o descarregamento. O órgão ocupou boa parte do espaço destinado ao coro. O mestre naturalmente queria experimentar tocá-lo, para verificar se estava tudo bem. Pediu permissão à Nhá Chica, visto que a igrejinha estava repleta da gente que se tinha apinhado ao redor. Obtida a permissão, Raposo subiu ao coro e sentou-se diante do teclado. Felix começou a acionar o fole. Fez-se um silêncio repleto de expectativa.

O mestre dedilhou o teclado e não saiu som nenhum. Acenou para Felix movimentar o fole com mais força e afundou as duas mãos no teclado: nada!

Lívido, olhou para Nhá Chica, que disse: "Esperem que vou falar com Nossa Senhora", e saiu da igreja dirigindo-se a sua casa para rezar diante da imagem de Nossa Senhora.

Diminuída a tensão, começou a inevitável troca de opiniões, que virou uma grande confusão: na igreja, alguns perguntavam o motivo para o maestro. Raposo não lhes dava atenção porque estava concentrado procurando entender o que tinha acontecido, e verificando se não havia alguma coisa quebrada. Do lado de fora, alguns comentavam culpando a viagem árdua e, como sempre, não faltaram os malévolos que, cochichando, culpavam o mestre pela compra imprudente...

Finalmente reapareceu Nhá Chica e voltou o silêncio.

"Minha Sinhá deseja que o órgão seja tocado na sexta--feira, às 3 horas da tarde. Por isso, voltem amanhã! Vamos entoar, acompanhados do órgão, as litanias de Nossa Senhora e faremos como sempre as 3 horas de agonia do Senhor."

No dia seguinte, o ribombar dos sinos reuniu gente em número ainda maior, porque muitos eram levados pela curiosidade de ver se desta vez o instrumento iria de fato tocar.

E às 3 horas em ponto, Felix começou a acionar o fole, o mestre dedilhou o teclado e todos foram dominados por uma grande emoção. Raposo, cheio de fervor, introduziu as notas e entoou com sua esplêndida voz a bela melodia da litania para Nossa Senhora!... E se continuou com as preces das 3 horas da agonia de Jesus.

Lágrimas de alegria umedeceram não só os olhos da anciã, mas de todas pessoas presentes.

"Meu filho", disse Nhá Chica ao mestre, "minha Sinhá o abençoa... você é precioso. Quando terminar de escrever as 'Três Horas de Agonia de Jesus', vai executá-las na nossa igrejinha?".

"Nhá, com sua licença, quero fazer mais: conforme for compondo, venho ensaiar em sua igreja".

A anciã, feliz, correu ainda uma vez para o Padre Marcos: "Padre vigário, agora está tudo pronto para a inauguração oficial da igrejinha. Quando podemos fazer isso?".

Em meio à grande euforia, a inauguração foi marcada para o dia 8 de dezembro daquele ano de 1877.

Cada novena de preparação foi feita solenemente com as notas do órgão e a voz daquele grande tenor que era

Raposo. E vinha muita gente. No dia da Imaculada, a missa foi digna de uma grande catedral.

Quem a celebrou foi o jovem sacerdote nascido em Baependi, Padre José Silvério Nogueira Guimarães da Luz, a quem então todos chamavam mais familiarmente de Zezinho.

O maestro Raposo tinha planejado que a corporação musical do maestro Egídio Q. Correa cantasse, e a cantora Ermínia Pereira de Magalhães, que exibia pela segunda vez sua voz simpática, seria acompanhada por ele ao órgão.

O Padre Zezinho conduziu a procissão até a matriz, enquanto para a volta assumiu diretamente o pároco Padre Marcos.

A festa teve uma agradável surpresa. Terminada a procissão, Nhá Chica, com a ajuda de toda a vizinhança, distribuiu bolachas, biscoitos e outros docinhos junto com o café, enquanto com o coração cheio de alegria ia repetindo: "Pegue, filho, saco vazio não para em pé". E assim foi durante todos os anos em que Nhá Chica viveu.

A anciã estava contente por ter conseguido levar muitas pessoas a glorificarem Nossa Senhora e a nutrirem suas almas e seus corpos.

Notas bibliográficas

O episódio, ou melhor, o que foi chamado pelas pessoas de o milagre do órgão, apareceu no jornal carioca *O Paiz*, em 1914 (ver Raposo, 23), e é mencionado nas biografias (Pena, 8-9; Palazzolo; Lefort; Biografia 2001, 55-56), em Pelúcio, *Templos e crentes* (p. 147), e em diversos testemunhos do Processo, que o ouviram ser contado por seus avós, os quais o tinham assistido pessoalmente (Positio, *Summ.*, 13-14, 24, 60, 63, 113, 124, 130 [trata-se da bisneta de quem transportou o órgão com o carro de bois], 149, 155).

Diversos detalhes foram depois deduzidos do que foi dito por outros testemunhos, como, por exemplo: "Contavam que para qualquer coisa que pretendesse fazer, ela primeiro ia consultar o pároco […] jamais pensara em fazer alguma coisa que não estivesse de acordo a Igreja" (Positio, *Summ.*, 46).

O Padre Marcos Pereira Gomes Nogueira tinha se tornado pároco de Baependi em 1870. Por ter sido um personagem que teve que lidar bastante com Nhá Chica, nós traçamos aqui um breve perfil dele. Nascido na Chácara Boa Vista – Palmeiras, (Baependi), em 18 de junho de 1847, era filho do português João Constantino Pereira Guimarães e da baependiense Anna Engrácia Nogueira de Meireles. Formou--se no Seminário de Mariana, sendo ordenado sacerdote em abril de 1870. E nesse mesmo ano se tornou pároco de Baependi, cargo que ocupou durante 46 anos, até sua morte, que ocorreu em 1916. Nhá Chica sempre teve muita estima por ele, até mesmo nomeando-o, em 1888, seu executor testamentário. Dotado de prodigiosa inteligência e vasta cultura, o Padre Marcos foi jornalista, filósofo, conferencista e orador brilhante. Profundo conhecedor de escultura, interessava-se por geologia e apreciava também a geografia, como se vê de um seu trabalho sobre hidrografia do município. Na época do império foi convidado pelo Visconde de Ouro Preto para ocupar um lugar no Senado; durante a república, foi convidado a ser deputado federal, mas recusou ambas as propostas. Não obstante a sólida cultura e a capacidade intelectual, nada o preocupava mais do que acudir seu rebanho. Possuía uma tendência artística de que fez bom proveito ao embelezar a matriz de Nossa Senhora de Mont Serrat. Aperfeiçoou suas habilidades e com material local criou ele mesmo os belos trabalhos de entalhe da nave central, além de construir capelas e restaurar outras. Era tão benquisto na diocese que, quando o bispo Monsenhor João Nery partiu para Roma em 1906, em visita *ad limina*, escolheu-o para ser o vigário-geral. Terminada essa experiência, depois de um incidente e problemas cardiovasculares, aposentou-se. Morreu com um rosário nas mãos, na manhã de 7 de fevereiro de 1916. O professor José Divino de Oliveira, em 16 de abril de 1916, fez um eloquente retrato em seu periódico *O Patriota*: "A figura austera, mas muitíssimo simpática do pranteado Monsenhor Marcos, que dava às celebrações um cunho de profunda religiosidade, não existe mais para que pudéssemos escutar de seus lábios as magníficas preces que sabia fazer" (Pelúcio, *Templos e crentes*, p. 84; Positio, CS, 21-23, 25).

O órgão ao qual alude o Padre Marcos é o famoso Arp Schnitger, fabricado em Hamburgo (Alemanha), em 1701, e instalado em Faro (Portugal), onde permaneceu por uns cinquenta anos, até que o rei João V o doou à catedral de Mariana. Na época Baependi dependia de Mariana e, na verdade, a diocese de Campanha só foi criada em 8 de setembro de 1907, com o decreto pontifício *Spirituali fidelium*, do Papa Pio X. O primeiro bispo foi Dom João de Almeida Ferrão (1909-1935), nascido em Campanha, em 30 de julho de 1853, que havia estudado no Colégio da Sagrada Família, em Três Pontas, sob a orientação de Padre Francisco de Paula Victor (ver em nossa biografia).

O episódio do cãozinho de Nhá Chica, testemunhado pela professora Jurema Candida dos Santos, no Processo, lhe foi contado pelo irmão Antonio, que o tinha ouvido diretamente do senhor João Castro (ver Positio, *Summ.*, 165).

O maestro Francisco Raposo nasceu em Baependi, em 2 de abril de 1845. Direcionado desde menino ao estudo da música, manifestou um grande talento, e seu desenvolvimento foi tão rápido, que foi obrigado a estudar harmonia e contraponto por sua conta. Tenor, violinista, pianista e compositor, deixou uma série de composições sacras, entre elas numerosas missas, hinos religiosos e ofícios para a Semana Santa. Não obstante os compromissos profissionais, em que era chamado a ir para vários lugares no Brasil, passou grande parte de sua vida em Baependi. Conheceu Nhá Chica desde menino; por isso e também por sua competência, foi encarregado da compra do órgão para depois tocá-lo em diversas ocasiões. Morreu em Santa Rita do Sapucaí, em 27 de setembro de 1905 (ver a breve biografia escrita por Maria Jose Turri Nicoliello Vilela, para as corporações musicais, Fundação Baependiana de Educação e Cultura – FUNBEC, Baependi, 1997, 3-7; e, principalmente, o recente perfil que acompanha a edição de algumas composições publicadas em 2003; Raposo, 18-26).

A respeito da identificação do senhor Antônio Pereira, de Vale Novo, que transportou com o carro de bois o órgão de Barra do Piraí à Baependi, sobre as impressões durante a viagem e sua amizade com Nhá Chica, ver as lembranças dos bisnetos em Positio, *Summ.*, 124, 130. Atualmente a distância é de 190 quilômetros, um percurso muito trabalhoso na época. Sobre os trechos da estrada de ferro e da localização das paradas, ver: Ferrovias do Brasil, IBGE, Conselho Nacional de Estatística, 1956, e a Localização dos Pontos de Parada na Rede de Ferrovias.

Sobre Felix, que tocava os sinos e cuidava do fole do órgão da igreja de Nossa Senhora da Conceição, ver Lefort, 24; Positio, BD, 43; Positio, *Summ.*, 129.

Com relação à data de inauguração e às atividades da igreja da Conceição, no passado houve várias opiniões, como, por exemplo, algumas biografias recentes mencionam que a igrejinha de Nossa Senhora da Conceição foi terminada três anos depois da morte de Nhá Chica, isto é, em 1898 (Lefort, 34), embora se possa dizer com certeza que a capela estava pronta, terminada e funcionava muito antes de sua morte. Provavelmente o equívoco foi gerado também por certas palavras na entrevista de Monat, em que Nhá Chica disse: "Nossa Senhora sempre me escutou. Só tenho medo de não conseguir terminar a minha igreja, por isso rezo todas as noites assim: não me engane, deixe-me terminar o frontão, depois pode me levar. Eu quero terminar a igreja, o poder de Deus é muito grande" (Monat, 95, Entrevista, 21). Não dando atenção ao que foi escrito páginas depois: "A igreja agrada muito pela ordem e o zelo com que é conservada; quase toda a decoração, imagens, vasos, paramentos, órgão, lâmpadas, são ofertas feitas à Nhá Chica, que não cessa de repetir os nomes de quem contribuiu com sua obra, especialmente o falecido Visconde do Cruzeiro" (Monat, 98; Entrevista, 28).

135

Como já mencionamos anteriormente, os trabalhos tinham terminado e a igrejinha já estava funcionando em 1873, quando houve a visita do conselheiro imperial João Pedreira Ferraz; das pesquisas feitas pela Comissão Histórica do processo de beatificação, resultou claramente que foi inaugurada oficialmente em 8 de dezembro de 1877. De fato, o jornal *O Baependyano*, do dia 15 de dezembro de 1878, publicou com o título "Solenidade religiosa":

> Teve lugar no dia 8, na pitoresca capela de Nossa Senhora da Conceição, a festividade de sua padroeira; cujo esplendor, não só nas novenas, que foram acompanhadas ao órgão como no dia da Virgem, satisfez os religiosos esforços dos dignos festeiros que, pela segunda vez, a promovem. A tribuna sagrada foi ocupada na missa cantada pelo Revmo. Pe. José Silvério Nogueira da Luz, e à recolhida da procissão, pelo Revmo. Pe. Marcos Pereira Gomes Nogueira, satisfazendo ambos com proficiência à expectativa do auditório. E o coro foi ocupado pela corporação musical do Sr. Egydio Q. Corrêa, sendo os solos de maior trabalho desempenhados pelo Sr. Francisco Raposo de Lima, de bastante nomeada nesta arte, e pela Exma. Sra. D. Ermínia Pereira de Magalhães, que pela segunda vez ostentou a sua simpática voz, sobressaindo ainda mais naquela capela, bastante menor que a Matriz. Parabéns aos festeiros (Positio, BD, 99, 101; cf. Raposo, 23).

Portanto, o dia 8 de dezembro de 1878 foi a segunda vez em que era celebrada a festa. Ulterior confirmação se encontra no mesmo jornal do dia 13 de outubro de 1878 (p. 2), no qual se lê:

> Voto – Quinta-feira da semana próxima, dia 16 do corrente mês, terá lugar na pitoresca e bela capela de Nossa Senhora da Conceição uma missa cantada para cumprir uma promessa e mandada celebrar pelo sr. Com. José Breves" (Positio, BD, 99).

O Padre José Silvério Nogueira Guimarães da Luz (Padre Zezinho) era filho de José Silvério da Luz. Tinha sido ordenado por Dom Antonio Viçoso, bispo de Mariana (1844-1875), em 26 de janeiro de 1873. Provavelmente era vigário da capela de Nossa Senhora dos Remédios de Caxambu que, na época, estava sob a jurisdição eclesiástica de Baependi. Nomeado pároco da mesma, dois anos depois, somente em 1892, pôde se ocupar com a reconstrução que transformou a capela para ser uma bela matriz no estilo neogótico, com arcos e vitrais.

O senhor Cesar Salomé contou sobre a festa da Imaculada:

> Os meus pais, Miguel Salomé e Zulmira Salomé, tinham uma empregada doméstica chamada Regina, que morreu com cerca de 90 anos de idade. Ela contava que conheceu Nhá Chica. Regina morava numa casinha ao lado da igreja, a qual foi mais tarde adquirida pela Fundação Nhá Chica, e no mesmo lugar em que hoje se está construindo a Casa do Peregrino. Regina contava que Nhá Chica, por ocasião da festa de Imaculada Conceição, mandava preparar bolachas, biscoitos e outros docinhos que eram oferecidos por ela mesma com café aos visitantes e distribuídos aos pobres (Positio, *Summ.*, 70-71).

Na Biografia 2001, 56-57, a senhora Maria do Carmo Nicoliello Pinho, secretária da Comissão História da Causa de Beatificação, escreveu sobre a história recente do órgão, isto é, que esteve em uso até 1940, quando foi abandonado a sua sorte até ser restaurado em São Paulo, em 2002 e, desde essa época, tem sido usado novamente no santuário de Nossa Senhora da Conceição. No mesmo documento se comprova que o maestro Francisco Raposo tinha escrito "Três Horas de Agonia" (partitura reencontrada em 2000, Raposo, 27), um tema bastante apreciado por Nhá Chica que gostava muito de reunir as pessoas para as preces das 15 horas, toda sexta--feira, em memória da Paixão e Morte do Senhor, na qual se faziam as preces das Cinco Chagas de Cristo (ver Positio, *Summ.*, 13, 14, 21, 35, 43, 69, 77, 86, 96 etc.; Pelúcio, *Templos e crentes*, p. 146).

X
A FILHA DO SACRISTÃO E A LEVITAÇÃO

Certo dia, Elias e Rita Mota foram visitar Nhá Chica. Estavam preocupados e tinham ido à procura de conselhos.

A anciã os conhecia muito bem porque Rita, quando menina, ficava mais com ela do que em sua casa; a desculpa era: "Nhá quer me ouvir ler a Bíblia", dizia. E era verdade. Nhá Chica gostava muito do jeitinho gracioso de Rita ler os episódios bíblicos e muitas vezes a justificava perante os pais.

Foi com satisfação que assistira ao surgimento do amor dela para com Elias, que, naquele tempo, amando muito as coisas da Igreja, tinha sido aceito como sacristão na matriz de Nossa Senhora de Mont Serrat.

A anciã sempre fora favorável a seu casamento, e, assim, finalmente, eles tinham se casado. Logo tiveram uma filha, a quem chamaram de Claudina... e eram felizes.

Em poucos anos o amor dos dois havia resultado numa prole numerosa, e o dinheiro que Elias conseguia no emprego não era mais suficiente. Nhá Chica lhes mandava entregar frutas, verduras e gêneros alimentícios e, quando queria ajudá-los com alguma quantia, encontrava muita resistência. Em resumo, um casal que vivia na pobreza mas com muita dignidade.

"Como vai a Claudina?", perguntou Nhá Chica, depois dos cumprimentos de praxe.

"Muitíssimo bem, Nhá!", responderam os dois em coro.

"Casou-se com um engenheiro bem empregado, o doutor Pedro F. Vianna da Silva... foi uma sorte", continuou Rita.

Nhá Chica, muito feliz, saudou a boa notícia batendo palmas.

"Uma sorte, Nhá, porque é um ótimo jovem que a ama muito e cuida de nós", começou a dizer Elias. "Agora querem que a gente vá para o Rio. Chegou o conde, que consideramos seu pai adotivo, e disse-nos para vendermos o pouco que temos e irmos com ele, pois arranjou um bom emprego para mim... Poderei ganhar um ótimo salário, e farei só serviços leves. Também acharam uma boa casa para nós."

"Este é o motivo de nossa vinda", intrometeu-se Rita, "estamos realmente indecisos, porque teremos que deixar Baependi e levar toda a família para o Rio. Nhá, o que nos aconselha fazer?".

A sorte de Claudina estava ligada ao conde de Baependi e tinha começado da forma mais comum. Ela que, então, era uma menininha, seguia o papai Elias com seus passinhos miúdos o tempo todo.

Claudina atraíra a atenção do conde já na primeira visita que tinha feito a Baependi. Era uma bela menina, que estava sempre com um vestidinho largo e muito gasto, usado sabe-se lá quantas vezes antes por meninas maiores do que ela; andava por ali descalça e com os cabelos emaranhados: em poucas palavras, a mais triste imagem da pobreza! Seu jeito de ser, porém, era sempre animado e alegre. Era uma menina feliz. Até mesmo uma das filhas do conde ficou fascinada, a ponto de se tornar sua amiga.

Algum tempo depois daquela primeira visita, o conde voltou a Baependi e encontrou a família do sacristão em péssimas condições porque havia aumentado o número de filhos. Compadecido, resolveu ajudá-los com roupas e alimentos. Como simpatizava muito com Claudina, tinha pensado em levá-la para o Rio de Janeiro e fazê-la estudar e ter uma qualidade de vida diferente.

Rita e Elias, que confiavam muito em Nhá Chica, também daquela vez tinham ido ouvir sua opinião. Ela, depois de ter feito suas preces, havia dito: "Deixem que a menina vá, porque vai ser muito feliz".

Assim, eles, apesar de terem ficado profundamente tristes com a separação, puderam verificar que Claudina tinha sido encaminhada para estudar e, mais do que tudo, estava contente. Depois tinha se casado, mas estava sempre preocupada por estar longe e por não ter melhorado o nível de vida de seus familiares. Visto que o marido via com bons olhos os pais dela, tinham juntos apelado para o coração do conde, e este foi pessoalmente a Baependi para convencê--los a se mudarem para o Rio. E, mais uma vez, Rita e Elias tinham ido consultar Nhá Chica.

"Meus filhos", dissera a anciã, "rezem vocês também, enquanto vou ouvir o que me inspira a minha Sinhá", e foi para seu quarto.

"Não devem ir ao Rio, mesmo podendo encontrar lá um bom emprego, casa, móveis e roupas boas... não devem ir", sentenciou mais tarde.

"Por que está sendo tão categórica?", tinha perguntado Elias muito curioso.

"A situação não é tão boa como pode parecer, e vocês podem se arrepender logo, logo", foi a resposta da anciã.

Naturalmente Elias e Rita escutaram Nhá Chica e renunciaram à partida. O conde, diante de uma recusa tão direta, ficou constrangido, mas, pouco tempo depois, teve que reconhecer que, proclamada a República, aqueles favores que poderia ter obtido teriam desaparecido, prejudicando também o sacristão e toda a sua família.

Certo dia de manhã, José Isalino Ferreira Campos, a quem todos chamavam de Zequinha Isalino, foi bater à porta de Nhá Chica.

"Nhá, minha mãe está muito mal dos rins e me mandou pedir que reze para que as dores diminuam. E também pergunta se tem algumas limas."

A anciã, assomada com o rosário de costume nas mãos, tinha respondido: "Venha, meu filho, vamos até o pomar e pode pegar quantas quiser".

José Isalino subiu numa árvore como um macaco, e estava enchendo os bolsos com limas quando, virando-se, viu Nhá Chica não no chão, mas a seu lado, suspensa no ar, continuando a rezar o rosário. A surpresa e o medo lhe pregaram uma boa peça: viu-se no chão cercado de limas e com a anciã a seu lado.

"Bem, Zequinha, bastam essas limas?... Você pode colher quantas quiser", disse-lhe.

O rapaz, fitando-a atônito, esquivou-se com muito medo: "Venho amanhã, Nhá... voltarei amanhã", tinha respondido.

Notas bibliográficas

O episódio da filha do sacristão foi contado pelo senhor Rosendo Ferreira Pena, que o ouviu diretamente de Rita Motta, mulher de Elias, o sacristão (Positio, *Summ.*, 25-26). É importante enfatizar que Rita, quando menina, tinha frequentado muito Nhá Chica e, depois de casada, nutria-lhe alta estima, não tomando decisões sem antes consultá-la. Uma variação do relato aparece em Pelúcio, *Templos e crentes*, pp. 150-152.

O relato da levitação, do qual fora testemunha José Isalino Ferreira Campos, chamado Zequinha Isalino, é mencionado por diversas pessoas que o ouviram diretamente do participante: Rosendo Ferreira Pena (cunhado), Diva Ferreira de Paiva (filha), Maria de Lourdes Pereira Pelúcio Mângia, Cesar Salomé, Clélia de Castro Pereira (ver Positio, *Summ.*, 25, 38, 64, 68, 72-73, 139).

Acreditava-se, e ainda hoje se acredita, que as limas tenham tido um efeito diurético, útil para as cólicas renais.

XI
O NASCIMENTO DA MENINA
E O TESTAMENTO

Era dia 8 de dezembro de 1885. Os sinos da igrejinha de Nossa Senhora da Conceição badalavam alegres, era uma grande festa. Pela manhã uma missa com coro e órgão, tocado pelo maestro Raposo, teria celebrado a solenidade. Numerosos fiéis, que vinham à cidade para a festa da Imaculada, aproveitavam para cumprimentar Nhá Chica.

A velhinha tinha uma palavra gentil para com todos. Aproximou-se também o tenente Cornélio Joaquim Pereira, que morava na fazenda do Morro Grande, chamada de "Otra Banda".

Logo que o viu, Nhá Chica perguntou brincalhona: "Sozinho? E sua mulher Tereza Florência, onde a deixou?".

"Dona Francisca", tinha respondido o homem, "Tereza está grávida, enorme e de um dia para o outro deve dar à luz. Tive medo de trazê-la comigo... poderia parir na rua".

"E está preocupado, não é verdade? Estou vendo em seu semblante! Mas fique tranqüilo... Assista à missa e reze, reze muito", e se afastou para falar com outras pessoas que a chamavam.

Como acontecia todo ano, a missa acabou sendo digna de uma catedral. Depois da cerimônia, Nhá Chica procurou o tenente e, achando-o ajoelhado a rezar, aproximou-se e, tocando em seu ombro, disse: "Na sua casa tem uma Maria Conceição".

O tenente Cornélio Joaquim fitou-a atônito. Não sabia se ria ou chorava de alegria, e disse: "Nhá, você vai ser a madrinha".

A anciã, sorrindo, respondeu-lhe educadamente: "Minha Sinhá será a madrinha! Por favor, espere-me diante da igreja".

Um pouco depois Nhá Chica reapareceu e lhe deu um pacotinho: "Este é o meu presente para a menina".

O homem o abriu e achou uma corrente com uma medalhinha de ouro em alto relevo da Imaculada Conceição.

"Ensine-a a amar Nossa Senhora da Conceição e diga-lhe, quando for grande, que Nhá Chica virá encontrá-la quando tiver 71 anos", e se afastou para ocupar-se da distribuição dos biscoitos e de tudo mais que havia feito preparar para a festa.

O entra e sai da igrejinha não dava fim à cerimônia, assim, alguns dias depois, entre as pessoas que subiram a colina estava um grupo de parentes de João, que fora condenado à revelia por um crime. A polícia o procurava diligentemente e vigiava os parentes com a esperança de conseguir desentocá-lo. Na verdade, sua família não sabia onde realmente tinha se escondido nem se estava vivo ou morto. Principalmente sua mulher e a mãe choravam dia e noite e pediram que o Padre Zé Antônio ajudasse a resolver aquela situação. Zé era um daqueles homens que, ao passar próximo ao local onde morava Nhá Chica, pedia a ela que rezassem um rosário juntos, por isso tinha dito resolutamente: "Vamos lá na casa de dona Francisca, tenho certeza de que nos ajudará".

Nhá Chica escutou a estória e sentiu-se dilacerada pelo pranto daquelas mulheres que repetiam: "Nhá, é inocente!". "Condenaram-no como a Jesus Cristo!... inocente!"; "Ajude--nos a saber ao menos se está vivo".

Como resposta, ela os instou a rezar enquanto faria o mesmo aos pés de Nossa Senhora em seu quarto. Pouco depois saiu e, ficando muito séria, disse: "João está vivo... posso dizer-lhes onde se esconde, mas agora devem ajudá-lo para que seja reconhecida sua inocência. Vocês vão conseguir. Ele está passando fome para não se mostrar, portanto, Zé, passe com o carro e jogue um saco com comida e roupa perto do carvalho grande... Mas tenham cuidado, caso contrário, a polícia vai descobrir o esconderijo dele. Vão ver que depois do segundo processo, que vocês devem providenciar, a vida voltará ao normal".

Enquanto o grupo ia embora feliz por saber que João estava vivo e mais, com a confirmação de sua inocência, diante da porta da casa de Nhá Chica chegou José Arlindo.

Nhá Chica, logo que o viu, disse: "Nossa, que cara triste! O que lhe aconteceu de tão grave?". A anciã, porém, não obstante se mostrasse alegre, tinha a voz pouco audível e esforçava-se para ficar de pé.

O homem a olhou: "Nhá, não está se sentindo bem!"...

"Tem razão, meu filho, mas me diga o que está afligindo-o?"

"Nhá, venho noutro dia, agora vou correr para chamar o doutor Manoel Joaquim."

"Espere, depois você vai… me diga por que me procurou."

"Nhá, não é importante, é melhor que eu vá…"

"Fale tudo primeiro e depois você vai!", intimou-o a anciã, mais com o olhar do que com a voz.

"Sabe que tenho um rebanho de porcos dos quais meu filho Agenor Esaú cuida. Não sei como foi, mas faz três meses que o varrão desapareceu e não conseguimos achá-lo nem vivo nem morto… eu tinha vindo lhe pedir se podia rezar para resolver esse problema."

"Fique tranquilo, meu filho, desça lá no campo onde está seu filho e verá que vai lhe dar a boa notícia de que o varrão voltou para o rebanho" e, dizendo essas palavras, caiu por terra desmaiada.

José Arlindo ficou tão assustado, que se pôs a gritar. Felix acorreu, junto com algumas mulheres que passavam por ali.

Nhá Chica aos poucos retomou consciência, mas mal conseguia manter os olhos abertos. Foi colocada na cama à espera do doutor Manoel Joaquim Pereira de Magalhães.

A situação não era boa e, durante vários dias, as pessoas que geralmente vinham rezar com Nhá Chica se organizaram em turnos para assisti-la dia e noite.

Toda Baependi e arredores soube rapidamente que a anciã estava mal e se iniciou uma espécie de peregrinação silenciosa: muitas vezes, à tarde, reuniam-se na igrejinha para rezar por sua saúde.

Passaram-se alguns meses até que Nhá Chica conseguisse ficar um pouco em pé. Era dia 1º de julho de 1888, quando manifestou a vontade de fazer um testamento, e assim foi chamado o tabelião Manoel Moreira de Figueiredo.

"Dona Francisca, eis-me aqui", disse.

"Meu filho, pegue uma cadeira e venha se sentar perto de mim... Me desculpe, mas não consigo ficar em pé... Tenho que ficar na cama. Vou lhe ditar minhas últimas vontades."

"Tudo bem. Vou lhe perguntar tudo que é preciso para redigir o documento. Qual é o seu nome e onde nasceu?"

"Francisca de Paula de Jesus, nascida em São João del--Rei, filha natural da falecida Izabel Maria Egiziaca, residente na Rua das Cavalhadas, aqui em Baependi".

"Tem filhos?... Herdeiros?"

"Sou solteira, não tenho filhos nem herdeiros".

"Quer nomear algum executor testamentário?"

"Sim, o reverendo vigário Marcos Pereira Gomes Nogueira, o capitão Francisco Antônio Pereira e o advogado Antônio Dias dos Santos. Quem deles aceitar encarregar-se de fazer valer estas minhas vontades vai receber um prêmio de duzentos mil réis."

"O que deseja?"

"Quero que seja feito um funeral acompanhado por música e depois que eu seja enterrada na igreja de Nossa

Senhora da Conceição. Pela minha alma, serão celebradas 23 missas, segundo a seguinte ordem: uma para o funeral, outra no sétimo e no trigésimo dia. Depois serão celebradas vinte missas para meu irmão Teotônio, e ainda vinte missas para minha mãe e outras trinta para meu querido irmão falecido."

"Certo. Agora me diga como quer repartir seus bens."

"Deixo para Felix, que foi meu escravo…"

"A propósito, dona Francisca, contaram-lhe que no dia 13 de maio foi finalmente abolida a escravidão?"

"Sim, meu filho… Eu estava muito mal quando me comunicaram, e agradeci a Deus por me fazer ouvir essa bela notícia antes de morrer. Felix me foi dado como escravo, mas eu o libertei. Para mim ele foi sempre uma pessoa livre!"

"O que deseja lhe deixar?"

"O terreno que vai da entrada da capela até o fundo do vale, que faz divisa com Antônio Deoclesiano Nogueira e continua até os limites com Cesário Nogueira de Sá. Deixo-lhe também a louça e tudo que está na casa, exceto as cadeiras e as duas frigideiras, que devem ser distribuídas aos pobres."

"Há mais alguma coisa?"

"Sim. Deixo meu vestido de aristocrata para uma órfã virgem, e as demais roupas e os cortes de tecido devem ser vendidos e a renda distribuída aos pobres. Depois divido entre Antônio José de Seixas e Francisco Abrahão os créditos que tenho com Aureliano Candido de Almeida, doutor Antônio Carlos Carneiro Viriato Carão, Álvaro Américo Carão e Vicente Pereira Magalhães. O restante de meus bens, isto é, casas, terrenos e fontes de água, deixo como patrimônio para Nossa Senhora da Conceição."

"Dona Francisca, já tinha feito antes um testamento?"

"Não me lembro, mas acho que não."

"Então, escrevo que com estas últimas vontades está revogando qualquer outra disposição. Certo? Agora vou redigir o ato e depois o assina."

"Meu filho, não sei escrever", observou sorrindo a anciã.

"Ah, sei, me desculpe... Vai ficar bem claro que escrevi e assinei a pedido da testadora, neste dia 18 de julho de 1888."

E assim foi redigido o testamento, mas Nhá Chica se recuperou e pôde participar das discussões que inevitavelmente aconteciam, entre as pessoas que frequentavam sua casa, com relação à monarquia e a república.

Certo dia, quando chegaram notícias esparsas sobre o desenvolvimento do governo central, estavam conversando com ela um médico, um juiz de direito, um juiz de paz e outros homens. Um deles saiu-se com o seguinte pedido: "Dona Francisca, reze para o Senhor ajudar a mandar embora o imperador!".

A anciã o fitou e ficou impassível. Já que eram todos republicanos, juntaram-se outros pedindo se poderia apoiá--los com preces naquela causa e, a essa altura, ela perguntou: "Por quê? É uma ingratidão com relação ao imperador, ele é o pai de todos nós".

O doutor a fitou desconsolado, enquanto os demais abanavam a cabeça. Ela se levantou e disse: "Está bem, fiquem tranquilos que vou rezar para minha Sinhá, vejamos o que ela diz".

Depois de algum tempo voltou: "Podem gritar: República!".

Aqueles homens sérios e reservados, de repente pareciam crianças, saltaram das cadeiras e se precipitaram para a rua celebrando a república.

Em 15 de novembro de 1889 foi proclamada a república. Nos dias seguintes diversas pessoas do povo foram até Nhá Chica perguntar se podiam, ao contrário, gritar pela monarquia.

A anciã aconselhou-os a esperar, a entender por que o Senhor tinha permitido que caísse a monarquia. "Se ele comandou gritar república, sabe o que faz e o que ainda quer fazer. É claro que os homens estão tumultuando tudo! Uns ficam contra os outros e, enquanto isso, um carro de lenha passou a custar dez mil réis, uma galinha, mil réis, um ovo, um cobre e meio... Onde já se viu coisa igual? Mas o Senhor escreve certo por linhas tortas e um dia se verá o arco-íris no céu e a paz estará de volta entre as pessoas".

Notas bibliográficas

O episódio se inspira no relato do senhor José Antonio Maciel Lima e de sua irmã, senhora Maria de Jesus Pereira, que o ouviram do avô, o tenente Cornélio Joaquim Pereira (Positio, *Summ.*, 147, 154). Efetivamente aconteceu o que Nhá Chica havia previsto:

> "Três dias antes da morte de minha mãe [senhora Maria de Jesus], uma nora que morava com ela (Guadalupe Ferreira Lima) lhe perguntou se tinha preparado alguma coisa para seu aniversário, que seria no dia 8 de dezembro de 1956; ela respondeu somente que Nhá Chica a tinha avisado em sonho que ia partir exatamente naquele dia, como de fato aconteceu. Ela faleceu exatamente no dia 8 de dezembro de 1956", no 71º aniversário (Positio, *Summ.*, 154).

Depois da morte da senhora Maria de Jesus, os herdeiros guardaram a medalhinha ainda intacta e fizeram com a correntinha alianças de casamento (ver Positio, *Summ.*, 154).

Os nomes na história de João são fictícios devido à privacidade, mas o fato foi narrado pela senhora Zulmira de Rezende Maciel, que o tinha ouvido do avô, o qual terminava o relato dizendo: "E, realmente, tudo tinha acabado bem" (ver Positio, *Summ.*, 81). Um episódio análogo que, porém, acabou tragicamente, é contado por Pelúcio em *Templos e crentes*, pp. 155-157.

O médico era o famoso doutor Manoel Joaquim Pereira de Magalhães (ver Positio, 105; Positio, *Summ.*, 36; Biografia 2001, 72).

A testemunha, senhora Jurema Candida dos Santos, contou o episódio do varrão, o qual soube diretamente de

Agenor Esaú dos Santos, filho de José Arlindo (Positio, *Summ.*, 164).

A cópia do testamento é encontrada nas fls. 5-6 do Inventário de Francisca de Paula de Jesus, feito a partir de 22 de novembro de 1895 (cinco meses depois de sua morte). O inventário está preservado no Arquivo do Ofício Judicial da Circunscrição de Baependi.

Nos últimos anos a saúde do Imperador Dom Pedro II tinha piorado consideravelmente e seus médicos pessoais haviam sugerido que fosse para a Europa a fim de se submeter a tratamentos médicos específicos. Para tanto, a filha, dona Isabel, foi declarada pelo parlamento a herdeira do trono e princesa imperial, título com o qual governou o império naquele que deveria ser o último biênio. Na qualidade de plenipotenciária, em 13 de maio de 1888, promulgou o que foi depois chamada de Lei Áurea, com a qual se abolia definitivamente a escravidão no Brasil. Em 28 de setembro de 1888, na capela do palácio imperial no Rio de Janeiro, o núncio pontifício conferia em nome do Papa Leão XIII a rosa de ouro de honra ao mérito à dona Isabel.

Entretanto, à aprovação internacional e nacional, não se juntaram as grandes famílias de latifundiários que detinham o monopólio do café e de outros produtos agrícolas. Sua riqueza se baseava no uso de escravos como mão de obra, logo consideravam a abolição um sério dano a seus interesses econômicos, e, principalmente, uma traição perpetrada pela monarquia.

Para obter a aplicação da lei, o governo tinha estabelecido que quem se opusesse teria seus bens imediatamente confiscados e, por isso, os proprietários de terras se aliaram aos republicanos. O imperador, voltando em 22 de agosto, tentou romper essa frente, concedendo a alguns grandes proprietários privilégios e títulos nobiliárquicos, mas os resultados foram escassos. Em 15 de novembro de 1889, através de um golpe de estado, foi proclamada a República. Dom Pedro II, em 17 de novembro, juntamente com sua família, partiu para o exílio na França.

A respeito do último período do império e das figuras de Dom Pedro II e dona Isabel, nós nos baseamos nos ensaios de R. Faria de Moura; A. Marques Martins, *Síntese de História; História do Brasil*, Belo Horizonte, Editora Lê; E. A. Lucci, *Organização social e política do Brasil*, São Paulo, Editora Saraiva, 1977; H. Lyra, *História de Dom Pedro II (1825-1891); Declínio (1880-1891)*, Belo Horizonte, Itatiaia, 1977, v. 3; R. J. Barman, *Citizen Emperor; Pedro II and the making of Brazil 1825-91*, Stanford, University Press, 1999; id., *Princess Isabel of Brazil; gender and power in the nineteenth century*, Washington, Scholarly Resources Inc., 2002.

A respeito da discussão sobre a política interna, inspiramo-nos no que escreveu Monat, 96 (ver Entrevista, 23-24).

XII
MORTE DE FELIX E ENCONTRO COM MONAT

Naquela manhã bateu à porta de Nhá Chica o sobrinho do doutor Manoel Joaquim Pereira de Magalhães.

"Entre, está aberta", tinha respondido a anciã, mas, como continuavam a bater, ela apareceu: "Ah, é você! Irá fazer uma intervenção cirúrgica importante hoje?".

"Sim, Nhá, ele me disse para lhe pedir muitas preces porque é um caso difícil."

"Está bem, diga-lhe que já começo agora com um rosário."

"Não, Nhá, ele quer saber o resultado... Espero aqui detrás da janela, como sempre, para em seguida correr e contar sua resposta."

A anciã lhe deu um biscoito e se retirou para sua sala. Abriu a janela, de forma que o menino pudesse observar, ajoelhou-se diante da imagem da Virgem Imaculada e rezou. Depois de um longo tempo se ergueu e lhe disse: "Vá lhe dizer que tudo dará certo... Ah, e peça-lhe para vir aqui logo que puder para examinar o Felix".

O menino partiu em disparada e ela saiu para a horta onde ficava a casa em que Felix morava.

Já fazia dias que o homem, agora com 80 anos, não conseguia ficar em pé. Nhá Chica sentou-se perto dele e começou a rezar o rosário: "Vamos rezar juntos", disse-lhe, mas, terminado o rosário, saiu apressada. Logo que chegou na rua, chamou a primeira pessoa que viu: "Filho, vai no Padre Marcos e diga-lhe para vir rápido pois o Felix está muito mal".

O vigário se apresentou com presteza e, notando a gravidade do ancião, o fez se confessar e lhe ministrou os sacramentos. Quando o doutor Manoel Joaquim chegou, constatou que tinha morrido. Era o dia 20 de maio de1893.

No dia seguinte foram feitas as exéquias solenes, acompanhada pela Irmandade de Nossa Senhora do Rosário, e Felix foi sepultado no cemitério de Nossa Senhora das Mercês.

Enquanto isso, tinha chegado do Rio de Janeiro o doutor Henrique Monat, para terminar suas pesquisas de hidroterapia. Tinha decidido publicar um ensaio que não tratasse exclusivamente da classificação das águas e de sua eficácia terapêutica, mas que falasse também das muitas curiosidades dos locais próximos. Assim, nas noites em que se faziam reuniões sociais no restaurante da Empresa, tinha ouvido falar de certa Nhá Chica ou Tia Chica que morava em Baependi.

"Ah, uma santa mulher... É obrigatório fazer-lhe uma visita, quando se está em Baependi... Mora numa casinha muito simples na colina, atrás da igrejinha que construiu", diziam alguns.

"Então, só podem ir lá os crentes!"

"Nada disso. É ali que ela recebe todos indistintamente. É uma pessoa serena, sempre alegre", assegurava outro.

158

"Sim, lá se é sempre bem recebido! Todo mundo obtém uma resposta, um conselho, a promessa de uma prece", juravam outros.

"Nhá Chica acha animais que fugiram ou se perderam, pressagia doenças, prevê os resultados dos pedidos...", diziam com convicção outros.

"Vale a pena ir falar com ela, porque prevê o futuro!"

"Uma cartomante... uma espécie de bruxa!...", comentava algum cético.

"Mas que bruxa que nada! Para mim, é somente alguém que vê o destino!", acrescentava outro.

"Nada disso! Curou tanta gente... faz milagres! Eu garanto..."

"Então, faz concorrência aos médicos!", tinha acrescentado ironicamente um brincalhão, querendo provocar risadas.

Em resumo, as opiniões eram tantas e tais que deixaram o doutor Monat curioso, a ponto de decidir que ia constatar pessoalmente como eram as coisas de verdade.

Antes de tudo queria ir falar com o pároco para ouvir o que ele achava. Queria conhecer a opinião oficial da Igreja. E o Padre Marcos tinha respondido: "Nhá Chica é simplesmente uma pobre mulher analfabeta, uma fiel serva de Deus cheia de fé, muito caridosa, que, por ser consultada e ver seus conselhos aceitos, se convenceu de que os céus inspiram suas respostas".

Essa resposta o deixou perplexo e aumentou sua curiosidade. Foi para a Rua das Cavalhadas, subiu a colina onde ficava a igrejinha, aproximou-se da porta entreaberta da casa e bateu.

"Entre! Está aberta", convidou-o a voz seca e fina de sempre.

O doutor Monat entrou e se viu numa sala que parecia monacal, tudo em ordem, bem caiada e na penumbra, porque a janela e a porta não mais se abriam inteiramente. O chão era de terra batida. A mobília consistia em seis cadeiras, dois banquinhos de madeira, uma mesa e um canapé sem colchão nem lençol.

Recebeu-o Nhá Chica, agora uma senhora idosa, cheia de rugas, morena, um pouco corcunda.

"Esta é a minha cela", disse sorrindo.

O homem, galantemente, beijou-lhe a mão magra, um pouco ancilosada, deformada pelo reumatismo. "Dona Francisca, sou o doutor Henrique Monat, venho do Rio de Janeiro. Faz tempo que ouvi falar de seu nome e queria ouvir o relato de suas profecias e dos milagres que faz", e dando um sorrisinho, "ou seja, ouvir diretamente a voz da sibila".

"Não sou uma sibila", respondeu logo, sorrindo, mas satisfeita com o cumprimento. "De uma profetisa taumatúrgica, então", insistiu o doutor.

Nhá Chica disse de forma cortês, mas firme: "Não sou nem uma sibila nem uma profetisa, muito menos faço milagres. Veja, doutor, sou simplesmente um instrumento: repito o que me diz a minha Sinhá e nada mais. Além disso, nunca fiz milagres: rezo para Nossa Senhora, que escuta e me responde, por isso posso falar com exatidão quando me consultam, e afirmar o que digo".

"Pode me contar os milagres que Nossa Senhora fez servindo-se de você?", o doutor pediu.

"Meu filho, não me lembro de todos, não fico fazendo as contas, com toda essa gente que já veio até mim nesses anos todos."

"Ao menos algum", insistiu o homem.

"Ah, lembro-me deste: um dia o vigário me contou que D. F. não teria passado daquela noite e que há pouco tinha--lhe dado a extrema-unção. Fiquei com pena! A pobrezinha era mãe de uma família numerosa! Comecei a rezar e minha Sinhá me inspirou a chamar o marido e lhe dizer: 'Não se desespere, sua mulher vai sarar, mas entre na igreja e prometa que ela virá com toda a família em procissão, depois irá até o altar de joelhos, beijará o chão e agradecerá a Nossa Senhora' O doutor Manoel Joaquim me contou que não poderia salvar essa senhora, mas que a viu cumprir a promessa."

A essa altura estalou as mãos batendo uma na outra e sorriu. E continuou: "Eu rezo com fé. Nossa Senhora sempre me ouviu". Começando da palavra fé, recitou uma composição poética de sua autoria, observando cheia de curiosidade a reação do doutor.

Monat elogiou-a.

"Poderia recitar muitas outras e aceito todos os seus elogios... fico contente que eles não sejam para mim. É, na verdade, o Espírito Santo que me inspira, porque tenho fé viva. Vai para ele toda a glória!"

"Dona Francisca, sei que as pessoas vêm muito frequentemente consultá-la por motivos sentimentais, pode me contar algum caso", pediu Monat.

"Bem, muitas vezes se trata de moças ou jovens noivos, mas não falta gente já casada. Todavia, a maior parte é de moças... Vêm perguntar se vão se casar ou não. Não faz muito tempo voltaram depois de um ano duas amigas para me contar que minha previsão estava certa, isto é, uma se tornaria esposa de Cristo e a outra iria se casar logo."

"Nem sempre suas respostas são positivas. Como faz quando precisa dizer algo negativo?"

"Sempre procuro consolar, dizendo para aceitar a vontade de Deus. O Senhor nos quer bem e não nos deixará faltar seu apoio."

"Imagino que entre tantas pessoas existam as que são superficiais ou maldosas e que vêm para provocá-la. Como reage?", continuou Monat, vendo que a interlocutora estava disposta a responder.

Nhá Chica riu e bateu uma mão na outra. "Sempre espero respeito e seriedade, mas não trato mal... não sou capaz. Por exemplo, certo dia veio um grupo de moças me consultar. Nem tinham começado a formular a primeira pergunta e já começaram a trocar sorrisinhos, sussurrar e se acotovelar entre elas. Eu disse com firmeza: 'Quem é mal-educado e não teme a Deus, não deve esperar receber nada', e mostrei-lhes a porta". E bateu uma mão sobre a outra, sorrindo.

"Lembra-se de alguma pessoa que tenha vindo testá--la?", insistiu o doutor.

"Sim, muitas vezes. É gente que vem das cidades e diz que é intelectual... Alega que goza da cara dos caipiras porque não passam de simplórios. Escute essa. Um dia veio um grupo de turistas de Caxambu e estavam tagarelando, quando dois deles, jovens e muito seguros de si, começaram a me provocar. Um tirou da bolsa um envelope e me perguntou: 'Adivinha, se for capaz, o número da empresa onde trabalho'. E o outro, fazendo-lhe coro: 'Me diga qual é o nome da minha noiva no Rio de Janeiro'. Eu os olhei com ternura e respondi: 'O quê? Certamente vocês estão brincando'."

"Viu só como não é capaz?!", responderam trocando olhares de compaixão.

"Eu sorri e continuei: 'Estão brincando porque você não tem um emprego e você não tem nenhuma noiva no Rio'. Levantaram-se e, com altivez, para não dizer com grande desprezo, gritaram para mim: 'Vamos embora... ela é uma velha charlatã... não foi capaz de adivinhar porque adivinha quando já sabe das coisas!'. E, indignados, foram embora."

"Portanto, não tinha adivinhado?", perguntou-lhe Monat.

"Ao contrário, meu filho, eu tinha adivinhado tudo. Dias depois me deparei com eles e estavam bem mansinhos, vieram me pedir desculpas e beijar a minha mão. Quando voltaram para Caxambu, o que estava empregado encontrara uma carta que dizia haver sido dispensado por ter abusado da permissão obtida, e o outro tinha recebido a comunicação de que a família da noiva, que não aprovava o noivado, aproveitando-se de sua ausência, havia embarcado a moça para a Europa. Portanto, enquanto estavam aqui ainda não sabiam que um não tinha mais o emprego e o outro, a noiva."

XIII
AINDA MONAT

"Com certeza, eu a cansei um pouco", disse o doutor Monat, "então, aproveito para pedir para ir ver a igrejinha".

"Meu filho, não consigo acompanhá-lo, pegue a chave, eu o espero aqui."

Monat saiu e se viu diante de um senhor bem vestido que estava esperando diante da porta e tinha ouvido muito respeitosamente a boa senhora.

"Tem algo contra, se eu o acompanhar para ver a igrejinha?", perguntou o homem.

"Venha sossegado... Já a conhece?", perguntou Monat.

"Sou indigno de me considerar um beneficiado por Nhá Chica."

O doutor olhou-o e viu que o homem estava totalmente convencido do que estava dizendo e, levado pela curiosidade, perguntou: "Como assim?".

"Foi ela quem me aconselhou a deixar Baependi e ir para uma cidade grande. De fato, aqui eu estava profundamente deprimido e vegetava há anos. Fui para São Paulo, me dei muito bem por lá... Foi como se tivesse rejuvenescido. Esforcei-me e fiquei rico, por isso, quando voltei para minha terra, mandei dourar o altarzinho da igrejinha... Venha, venha ver", e o levou para dentro da igreja.

O doutor Monat ficou impressionado com a ordem e cuidado com que a igreja era conservada, e repetia: "Pequena, mas bela... simples... bela".

"Tudo isso que está vendo", continuou o homem, "quase toda a decoração, as imagens, os vasos, os paramentos, o órgão, as lâmpadas são oferendas feitas à Nhá Chica. Verá que, se elogiar a igreja, ela vai alardear os nomes de quem contribuiu até mesmo com uma simples flor! Principalmente vai tecer os maiores louvores ao falecido visconde do Cruzeiro".

Saindo, o homem continuou: "Esta mulher é um exemplo de virtude, de abnegação, tem um espírito de caridade sem limites e é dominada pela fé. Quanto bem fez e faz para as pessoas! Às vezes, basta apenas escutá-la um pouco. Certa vez me aconselhou a não mover um processo, mas não a obedeci, porque tinha certeza de ter razão e... perdi a causa!".

Entrando de novo na casa, o doutor Monat elogiou a igreja e Nhá Chica se enterneceu de tal modo, que recitou mais algumas de suas poesias. Em seguida, como já previsto pelo homem, começou a litania das pessoas que tinham contribuído com sua obra e infalivelmente chegou ao visconde do Cruzeiro: "Ah! era um homem muito devoto da minha igreja", continuou a anciã, "um santo homem. Todo ano me fazia uma oferenda de valor... a propósito, amanhã será celebrada uma missa solene no altar que há dois anos ele mandou dourar e onde coloquei a imagem da Piedade que me mandou de Roma... a cidade santa onde mora o Papa... imagine só, um mês antes de morrer".

O doutor Monat, a essa altura, perguntou: "Dona Francisca, me diga, é daqui de Baependi?".

Nhá Chica se pôs a rir: "Por que pergunta?".

"Porque parece ser daqui, não é?"

"Bem, é como se fosse... faz mais de 70 anos que vivo aqui... Nasci em São João del-Rei, em 1808! Meu filho, eu sou velha! Vim para cá pequena, com minha mãe Izabel, eis por que meu segundo nome é Izabel. Tinha um irmão mais velho, o Teotônio, que morreu faz uns trinta anos... Minha mãe, no entanto, morreu quando eu tinha apenas 10 anos de idade."

"Casou-se?"

A velhinha deu uma bela risada: "Não, não, nunca!".

"Por quê? Com certeza foi uma bela moça...", disse cerimoniosamente o doutor.

"Ah, foram tantos os jovens que pediram minha mão... também belos e bem de vida, mas eu sempre recusei, sem demonstrar contrariedade. Posso dizer que me tornei muito amiga até de quem mais insistia, porque me sentia grata pelas boas intenções, mas não podia, não, tinha uma missão para cumprir."

"A ideia dessa missão, ou melhor, a vocação para levar uma vida de freira, de onde veio?", insistiu o doutor.

"Da minha mãe Izabel... sim, ela foi o instrumento do qual o Senhor se serviu: ao morrer, me recomendou que levasse uma vida solitária para praticar melhor a caridade e conservar a fé cristã... Seguindo esse conselho, jamais deixei esta casa, que antigamente era isolada, mas depois foram construindo essas casas vizinhas. Felix, o escravo que me foi dado, eu logo alforriei, e ele, por reconhecimento, construiu uma casinha aqui perto e nestes anos cuidou do terreno e servia como uma espécie de segurança para mim, sobretudo quando eu era jovem. Mas devo dizer que nunca tive medo. Meu irmão, que morava num palacete na Rua do Comércio, sempre me convidava para ir morar em sua casa. Mas somente aqui me sentia livre para rezar, ajudar os pobres e, também, todos aqueles que batiam a minha porta."

"Em resumo, levou uma vida de uma freira... Mas leu alguma regra ou algum documento?..."

Ele se interrompeu porque a anciã se pôs a rir e a bater palmas: "Sou analfabeta... e nunca tive necessidade de aprender a ler! Mas conheço muito bem a Bíblia. Eu gosto de ouvir, e minha Sinhá me cercou de pessoas que fizeram e me fazem o favor de ler as Sagradas Escrituras quando quero. Todos me querem bem e eu retribuo como posso".

Enquanto estava falando, ouviu-se que alguém batia à porta e infalivelmente Nhá Chica disse: "Entre! Está aberta". Entraram algumas mulheres, que pediram a chave da igreja para irem cumprir uma promessa: traziam velas de cera e um pratinho com as esmolas recolhidas na cidade.

Disse uma delas: "Nhá, lhe trago a notícia da morte de sua cunhada Eliodora Maria. Teve um estupor nesta manhã, às 8 horas, em sua casa na Encruzilhada".

"Descanse em paz sua alma... vou rezar por ela... Logo a seguirei para o Reino dos céus", respondeu a anciã.

O doutor Monat aproveitou para acabar de escrever no caderninho o que tinha ouvido. Ao irem embora aquelas pessoas, Nhá Chica o fitou com um ar divertido e, assumindo um comportamento fingido de carrancuda, lhe disse: "Doutor, leia bem suas notas para que sejam verdadeiras, caso precise relatar o que ouviu".

O doutor sorriu: "Dona Francisca, posso pedir-lhe uma última coisa?".

"Diga, estou bem aqui."

"Posso tirar-lhe uma fotografia?"

No início a anciã se esquivou, mas, vendo que o doutor queria tanto aquilo, não quis contrariá-lo e concordou.

"Dona Francisca, podemos fazê-la diante da igreja?", disse o homem um pouco confuso.

A anciã se ergueu, vestiu o casaco com flores, dobrou em triângulo o grande lenço para cobrir a cabeça e o colo, pegou o inseparável guarda-chuva e disse: "Vamos".

No fim o doutor Monat decidiu tirar a foto na entrada da igreja, perto das escadas que levavam ao coro.

Naquele dia que passaram juntos, o doutor ficou admirado com o grande espírito de fé que só podia ser acompanhado de uma profunda humildade e caridade para com o próximo. Comovido por aquela grande disponibilidade, tomou-lhe as mãos e as beijou, agradecendo-a. Ela o fitou com doçura e sorriu.

No ano seguinte o doutor Monat publicou um livro intitulado *Caxambu*, no qual dedicou um capítulo à Nhá Chica, que termina com as seguintes palavras: "Há quem já anteveja a sua beatificação e ulterior canonização. Santa Francisca de Baependi! E por que não? Porque é pouco versada em política, em astronomia, em metrificação? Outros santos, menos milagrosos, foram mais pobres de espírito.

Santa Francisca de Baependi, *ora pro nobis. Amen*".

Notas bibliográficas

O doutor Manoel Joaquim Pereira de Magalhães, nascido em Airuoca, em 29 de janeiro de 1814, foi médico, poeta, jornalista, conferencista, músico, cantor e compositor. Eleito deputado provincial pelo partido liberal em Minas, nos biênios de 1848-50, 1864-66 e até 1868, tornou-se "o iniciador da aplicação terapêutica das águas de Caxambu". O doutor Monat, de fato, em seu livro *Caxambu*, traz inclusive um retrato dele. Famoso no sul de Minas "como um dos primeiros médicos do império e um dos homens de saber mais sólido e variado", era membro da Academia Imperial de Medicina. Não obstante sua capacidade profissional e conhecida habilidade de cirurgião, segundo a tradição, costumava enviar um de seus sobrinhos à casa de Nhá Chica para pedir sua proteção, antes de iniciar uma operação. Naturalmente, naquela época uma intervenção cirúrgica era sempre um grande risco. O doutor Manoel Joaquim morreu em 13 de outubro de 1902, com 88 anos (Positio, BD, 109-110; Biografia 2001, 72; A. C. Nogueira, Introdução da obra

A *música e seus efeitos*, do doutor Cornélio Magalhães, I, 1874; C. Araujo da Silva, "Figuras do passado de Caxambu", *Jornal do Comércio*, 7 maio 1950).

Acredita-se que o doutor Monat tenha ido a Baependi e visitado Nhá Chica "entre 1885 e 1893, já que publicou suas pesquisas em 1894, no Rio de Janeiro" (Positio, BD, 102; ver Biografia 2001, 58). Esse período de tempo deve, porém, ser redimensionado porque na entrevista de Monat se fala dos primeiros passos da República e do marechal Deodoro da Fonseca (Monat, 97; Entrevista, 23-26 *passim*), portanto a visita deve necessariamente ser datada após 15 de novembro de 1889. O juízo feito por Nhá Chica, com respeito à República (Estou vendo a República como uma coisa sem consolo nem sossego), é certamente reativo aos primeiros anos e não imediatamente após sua estreia. Há também outro elemento: Monat, no capítulo dedicado à Baependi, descrevendo o percurso que vai de Caxambu à Baependi, fala expressamente de 1893 (Monat, 79). Enfim, Monat não alude à presença de Felix: se ele estivesse vivo, certamente o teria acompanhado à igreja (já que servia como sacristão), em vez disso, Nhá Chica deu-lhe as chaves para que fosse vê-la. Isto nos leva a uma hipótese: provavelmente a visita de Monat ocorreu depois de 20 de maio de 1893, (isto é) quando Felix morreu. A certidão de óbito de Felix se encontra no Livro de Registro de Óbitos, n. 12, p. 17, Cemitério Paroquial, 1892-1901, preservado no Arquivo Paroquial de Baependi, MG, e no livro n. 2 (de 2 de setembro de 1892 a 11 de novembro de 1895) do Ofício de Registro Civil de Baependi, n. 73, fls. 50 v. e 51:

Felix, preto, solteiro. Aos vinte de maio de mil oitocentos e noventa e três, nesta cidade, faleceu confessado Felix, preto, africano, solteiro, de oitenta anos de idade, liberto; e no dia seguinte foi solenemente encomendado, acompanhado pela Irmandade de Nossa Senhora do Rosário, e sepultado no cemitério de Nossa Senhora das Mercez. Vigário Marcos Pereira Gomes Nogueira (Positio, BD, 79, 118).

Felix tinha nascido em 1813 e sempre estivera a serviço de Nhá Chica; quanto ao papel de sacristão e ao fato de que morava perto da igrejinha, ver Positio, BD, 67, 68, 97, 102, 131.

Devido à importância dada pelo doutor Monat ao fato de ter conhecido Nhá Chica, traçamos um breve perfil dele.

Henrique Monat, filho de Pedro Honesto Henrique Monat e dona Flavia Angélica de Borja Monat, e nascido na cidade da Bahia a 6 de junho de 1856, foi bacharel em lettras pelo lyceo e doutor em medicina pela faculdade da mesma cidade, tendo concluído o curso medico na do Rio de Janeiro, e sendo da turma que daqui sahira em 1879 para sustentar these e receber o grão na Bahia. Foi ahi interno por concurso de clinica cirúrgica, laureado pelo lyceo e examinador de francez na faculdade. Foi membro titular da academia nacional de medicina, da sociedade de medicina e cirurgia do Rio de Janeiro. Escreveu varias obras como: *Das varices*; *Da criminalidade nas crianças e nos velhos*; *Tratamento das feridas cirúrgicas e accidentaes*, Rio de Janeiro 1879. *Das escolas modernas da litteratura franceza*; neologismos; excentricidades da língua, Rio de Janeiro 1880 (em francez). *Histologia dos epithelios*, Rio de Janeiro 1881. *Das gangrenas*, Rio de Janeiro 1882. *Da electrolyse nos estreitamentos da urethra*, Rio de Janeiro 1883. E muitas otras nas revistas medicas.
O dr. Monat foi o redactor da Revista da Sociedade de Medicina e Cirurgia do Rio de Janeiro, Rio de Janeiro, 1886-1887. No livro *Caxambu*, Rio de Janeiro 1894: "o autor não se occupa somente das aguas de Caxambu. No intuito de contribuir para o engran-

decimento dessa localidade, além de uma curiosa investigação histórica do descobrimento das fontes, do augmento progressivo da população, expõe as virtudes dessas aguas, suscitando questões quae reclamam o exame dos competentes na matéria; censura as municipalidades pelo abandono à que teem votado Caxambu, e aponta abusos que exigem prompta correcção. Este livro é, pois, além de curioso, instructivo e útil" (A. V. Alves Sacramento Blake, *Diccionario bibliographico brazileiro*, III, Rio de Janeiro, Typographia Nacional, 1895, 209-210, appendice).

O nosso texto parafraseia o documento de Monat (Monat, 92-99; Entrevista, 13-30; Positio, 124-127) e alguns episódios extraídos de Pelúcio, *Templos e crentes*, pp. 161-162.

A fotografia certamente foi tirada na parte interna da entrada da igreja, porque atrás de Nhá Chica aparecem os degraus do coro. Penso que da foto se possa deduzir que Nhá Chica esteja usando um casaco feito de um tecido estampado com grandes flores muito coloridas. A largura considerável das grandes pregas e das mangas demonstra que não se trata do um vestido de uso diário.

A cunhada Eliodora morreu dois anos antes de Nhá Chica, na Encruzilhada, hoje o município de Cruzília, com 97 anos. A certidão está registrada no Arquivo do Ofício de Registro Civil de Cruzília:

> Certifico a pedido verbal de Interessado, que, revendo os livros de Registros de Óbitos deste Cartório, neles, consta no de n. 01-C, fls. 117 v., sob o n. 45, o assento referente a Eliodora Maria de Jesus, do seguinte teor: Aos cinco dias do mês de Setembro de mil oitocentos e noventa e três, nesta Freguesia da Encruzilhada, Município de Baependy, Estado de Minas Gerais, compareceu em meu Cartório, Flausino José de Sousa, e declarou que, ontem, nesta freguesia, às 8 horas da manhã, em consequência de estupor, falleceu sua irmã Eliodora Maria de Jesus, filha de Manoel de

Sousa Godinho e Bárbara Maria de Jesus, natural deste município, viúva de Theotonio, com 97 annos de idade, não deixa filhos, do serviço doméstico, vai ser sepultada no cemitério deste districto. Do que para constar lavrei este termo que depois de lido ao declarante vai assignado pelo mesmo. Eu, José de Senna Xavier, Oficial do Registro Civil, o escrevi e assigno. (a). José de Senna Xavier. Nada mais. Eu, Dagmar Fortes Silveira Carvalho, Oficiala do Registro Civil, o digitei, subscrevo e assino (Positio, BD, 78-79).

XIV
A COROA DE FLORES DE PORCELANA
E O PERFUME DE ROSAS

O estado de saúde de Nhá Chica a obrigava a ficar cada vez mais na cama, pois não tinha forças para caminhar. A afecção gástrica se apresentava apirética, com fortes inflamações intestinais. Aquela pessoa cheia de energia tinha se transformado numa lembrança, e ela fazia piada disso com frequência: "Não sou mais uma jovenzinha! Terminei minha corrida e, quando quiser o Senhor, estou pronta". Quando as dores se tornavam muito agudas, ela empalidecia, e se alguém perguntava: "Está doendo muito, Nhá?", ela respondia: "Minha Sinhá o sabe".

No dia 13 de junho aconteceu o que geralmente se chama "a melhora da morte". Parecia ter se recuperado, mas mandou chamar o pároco, pedindo-lhe que lhe fosse ministrado os últimos sacramentos. E, serenamente, na sexta-feira, 14 de junho, às 5 horas da tarde, entregou sua bela alma ao Senhor. Era o ano de 1895.

Logo foi chamado o doutor Manoel Joaquim Pereira de Magalhães para constatar sua morte. Ele a examinou e disse: "Não encontro as características da morte". De fato, o semblante de Nhá Chica era tranquilo e ela parecia sorrir, como se estive sonhando um belo sonho. Os tecidos não tinham se enrijecido nem um pouco.

"Me chamem quando a sentirem fria e rígida", disse o médico e partiu para um lugar distante, para o qual tinha sido invocado com urgência...

Naqueles últimos dias Rita Mota tinha sempre estado presente, junto com Maria de Figueiredo Gouvea, que já há alguns anos era sacristã da igrejinha da Conceição; também apareciam sempre Arlindo Martins de Gouvea e Maria do Carmo Caputo, Olímpia e Percilhana Martins, mais conhecida como tia Naná. Percilhana era uma costureira famosa que fazia vestidos de noiva junto com Sofia Laura Enout.

A informação de que Nhá Chica tivesse morrido, ou que no mínimo estivesse em estado gravíssimo, começou a se espalhar e as pessoas procuravam se informar.

De noite, bem tarde, voltou o Padre Marcos e constatou que estava realmente morta; mandou chamar o doutor Manoel Joaquim, mas este ainda não tinha voltado. Enquanto esperava, organizou o velório e os preparativos para o funeral.

Na manhã seguinte bem cedo tia Naná se fez acompanhar até Caxambu para comprar, na loja Marques Irmãos, o que era necessário para enfeitar o caixão e fazer a mortalha.

Sempre que o comerciante via a tia Naná, ele ficava muito contente porque era uma ótima cliente. Portanto, vendo-a naquela manhã chegar cedo, lhe disse, brincando: "Uma roupa urgente?".

Foi assim que Percilhana lhe informou o falecimento e acrescentou: "Desta vez preciso de 30 metros de galões brancos, 10 metros de renda de prata, 10 metros de fita larga trabalhada, 3 metros de cetim macaú". Enquanto o comerciante preparava o material, ela se pôs a olhar em volta e se lembrou: "Ah, também um par de luvas brancas... e o que é aquilo? Parece uma coroa".

O homem deixou tudo que estava fazendo e foi pegar o objeto: "Dona Percilhana, é uma coisa muito especial! Uma coroa de flores brancas de porcelana francesa. Veja como é delicada... muito fina". Os dois se olharam e se entenderam tacitamente. "Talvez tenhamos tido a mesma ideia... ficaria muito bem na cabeça daquela santa mulher". Assim, tia Naná, juntamente com o necessário, comprou também a coroa de porcelana.

Quando arrumaram Nhá Chica no caixão, todos concordaram em colocar as luvas brancas, para homenagear aquelas mãos que tinham servido aos pobres a vida inteira, um par de sapatos novos e elegantes, para aqueles pés que por humildade muitas vezes ficavam descalços e, enfim, a coroa de flores brancas, como imagem terrena da virtude que tinha honrado sua pessoa, templo do Espírito Santo, dando exemplo aos irmãos.

E passaram-se três dias até que o doutor Manoel Joaquim voltasse para a liberação do corpo e celebração do funeral. Este fato permitiu um grande afluxo de pessoas e as costureiras tiveram muito trabalho, porque foram obrigadas a costurar quatro mortalhas, pois os devotos que entravam para rezar, antes de sair, cortavam pedacinhos para conservar de lembrança. Para todos, a falecida era uma santa.

Confirmando mais uma vez a santidade de Nhá Chica, houve o perfume de rosas. Ficando exposto por três dias, seu corpo não se deteriorou, ao contrário, todos, indistintamente todos, na capela, na casinha e até no quintal, sentiam apenas um delicado perfume de rosas.

Foi decidido de comum acordo que o caixão seria transportado pelas moças e solteiras de Baependi.

A bandeira nacional, aquela do estado de Minas Gerais, e o estandarte da prefeitura de Baependi abriram a procissão, seguidos pela banda de música, os irmãos da Fraternidade do Santíssimo Sacramento, de Nossa Senhora da Boa Morte, de Nossa Senhora das Mercês e de Nossa Senhora do Rosário. O pároco Padre Marcos Pereira Gomes Nogueira, com alguns coroinhas, estava à frente do caixão levado nos ombros das moças solteiras, e em seguida vinham as autoridades civis e o povo... Tinha vindo muita gente das terras ao redor e das vilas vizinhas.

O Cônego Custódio de Oliveira Monte Raso celebrou a missa cantada na igreja matriz de Nossa Senhora de Mont Serrat, e em seguida os discursos das autoridades civis foram proferidos diante da igreja. O funeral foi solene e grandioso. Numa verdadeira apoteose, o féretro foi acompanhado até a igrejinha de Nossa Senhora da Conceição, onde o Padre Marcos teve que se esforçar para fazer os devotos saírem e proceder ao sepultamento.

O evento ecoou num artigo no *Correio de Caxambu*, repetido pela *Gazeta de Varginha* do dia 7 de julho de 1895, podendo-se quase tocar com as mãos a estima que as pessoas tinham por dona Francisca de Paula de Jesus.

A 14 do corrente faleceu em Baependi a nonagenária Francisca Izabel, natural de São João del-Rei. Geralmente conhecida por Nhá Chica, desde sua mocidade tornou-se notável pela crença religiosa e pelos sentimentos humanitários que sinceramente possuía. Não sabia ler nem escrever; mas, em seu coração cheio de bondade e em sua alma, elevada por fervorosas preces, onde encontravam consolação todos os que sofrem, pareciam refletir-se todos os pesares e todas as mágoas.

Virtuosa e modesta, praticando o bem que generosamente distribuía, jamais foi excedida nos limites de seus recursos.

Considerada quase santa, foi sempre seu nome repetido com profundo respeito em todas as classes sociais, por pobres e ricos, por ignorantes e sábios.

Seu enterro, que teve numeroso acompanhamento, foi pomposamente feito pela população baependiense, tendo estado o corpo, em perfeito estado de conservação, quatro dias exposto, a pedido do povo, na pequena capela que fora construída por ela ao lado da casa de sua residência.

A notícia da morte desta virtuosa velhinha causou, como era justo, o mais profundo e sentido pesar.

Desde aquele dia Maria de Figueiredo Gouveia foi morar na casa de Nhá Chica e continuou a ser a sacristã da igrejinha da Conceição, de modo a tornar possível, a quem ali viesse, fazer preces para Nhá Chica.

E, desde essa época até hoje, seu túmulo e sua casa são alvo de peregrinações não só de pessoas de Minas Gerais, mas também do Brasil e de diversos lugares do mundo.

O perfume de rosas de Nhá Chica, o perfume de Cristo, ainda continua a rescender.

Notas bibliográficas

Já que Nhá Chica morreu durante a República, existe uma certidão de óbito dupla e a da paróquia diz:

Francisca de Paula de Jesus. Solteira. Anemia geral por affecções gástricas. Aos quatorze de junho de mil oitocentos e noventa e cinco, pelas 5 horas da tarde, com todos os Sacramentos, falleceu nesta cidade D. Francisca de Paula de Jesus, solteira, de oitenta e dois anos de idade; no dia dezesseis do mesmo mez foi solenemente encommendada, acompanhada da matriz a capella de Nossa Senhora da Conceição pelas Irmandades do Ssmo. Sacramento, N. Senhora da Boa Morte, das Mercêz e do Rosário; e no dia dezoito do mesmo mêz foi parochialmente encommendada e sepultada no recinto da nave da mesma igreja de Nossa Senhora da Conceição. Para constar faço este assento, que assigno. V. Marcos Pereira Gomes Nogueira (Registro de Óbitos n. 12, fls. 46-46v, igreja paroquial, cemitério paroquial [6 de junho de 1892–12 de maio de 1901], preservada no Arquivo Paroquial de Baependi).

Entretanto, a certidão do ofício civil diz:

Aos desecette dias do mez de Junho de mil e oitocentos e noventa e cinco Septimo Anno da Republica dos Estados do Brasil, neste Districto de Paz da Parochia de Baependy Municipio do mesmo nome, Estado de Minas Gerais, em seu cartório compareceu (contem uma rasura que ainda pode-se ler: João Baptista Pinto de Almeida) morador nesta Cidade e apresentou-me um attestado medico do Dr. Mel. Joaquim Pereira de Magalhães no qual declarava que no dia quatorze do corrente as cinco horas da tarde falleceo nesta Cidade em consequencia de anemia geral por causa de affeções gástricas Francisca Izabel, solteira, de idade 90 annos, natural de S. João del Rei, e residente nesta Cidade, e que a mesma vae ser sepultada na Capella de N. Senhora da Conceição desta Cidade. Do que para constatar faço este termo que vae assignado pelo declarante. Eu, Francisco Pascoal Pereira Pinto escrivão de Paz e do registro civil o escrevi e assigno. Francisco Pascoal

Pereira Pinto (Registro 2 [2 de julho de 1892-11 de novembro de 1895], fls. 180, n. 86, Ofício de Registro Civil de Baependi. Ver Positio, BD, 115-116; Biografia 2001, 77).

Muitas das informações relativas à preparação dos restos mortais e do funeral são deduzíveis das atas dos executores testamentários e da prestação de contas das despesas que mencionaremos a seguir. O executor e inventariante capitão Antonio Dioclesiano Nogueira apresentou um rol dos bens pertencentes a Francisca de Paula de Jesus (inventário, fls. 8 v.):

> Aos vinte e tres dias do mês de fevereiro de 1896, nesta cidade de Baependi, em meu cartório, compareceu o testamenteiro, inventariante Capitão Antônio Deocleciano Nogueira, e por ele me foi dito que em cumprimento aos despachos do Dr. Juiz de Direito da Comarca, vinha descrever os bens pertencentes ao espólio da finada Dona Francisca de Paula de Jesus, o que faz pela maneira e forma seguinte: Um rosário com contas de ouro; um cordão de ouro; meio quilo de prata velha; um tacho de cobre; um tacho menor; seis cadeiras forradas de palhinha; um banco grande; um dito menor; dois catres; uma caixa grande; uma bacia velha; duas panelas de pedra; seis pratos; uma gamela; meia duzia de facas, quatro tamboretes, uma foice; um armário, uma mesa; uma dita menor; uma toalha velha; um caixão; uma bandeja; uma caixinha; tres duzias de taboas de forro em poder do Pe. Custódio; Seis duzia de toboas de assoalho em poder do mesmo; uma dúzia de taboa de forro em casa da finada; dois pranchões de madeira de lei; a casa de morada, coberta de telhas, térrea, ferrada de esteira e seu respectivo terreno, situada na rua da Conceição, e bem assim, a água potável encanada, de serventia da mesma casa, sendo todo o terreno fechado muro e valos. E que são estes os bens que encontrou na casa logo que foi nomeando testamenteiro e inventariante da finada, do que para constar lavro este termo que assino debaixo do juramento prestado. Eu, João Souza Rocha, escrivão, escrevi. Antonio Deocleciano Nogueira [...] Importando todos os bens

avaliados na quantia de dois contos, setecentos e quatorze mil, novecentos e sessenta reis (2.714$960).

Após a morte do executor testamentário e inventariante Antônio Diocleciano Nogueira, assumiu o encargo Monsenhor Marcos Pereira Gomes Nogueira, vigário de Baependi (inventário, fls. 74):

Ilmo. Exmo. Sr. Dr. Juiz de Direito. V. aos autos. O abaixo assinado, Vig. Marcos Pereira Gomes Nogueira, cumprindo o despacho de V. Excia. nos autos do inventário da finada Dona Francisca de Paula de Jesus, pelo qual é chamado a prestação de contas do testamento da finada, por ter falecido antes de prestá-las o Cap. Sr. Antônio Decleciano Nogueira, testamenteiro, da dativo; vem respeitosamente trazer as mão de V. Excia. a certidão das missas de verbas, e o recibo da dívida que pagou ao Sr. Francisco Abraão. E também declarar que a Igreja de Nossa Senhora da Conceição, que administra o Vigário abaixo assinado, esta de posse dos bens constantes no inventário; que os legados em vestidos e trates foram cumpridos, não havendo deles recibos; e que o legado de Felix, africano, solteiro, deixou de ser cumprido, por ter ele falecido, de 80 anos, em maio de 1893, dois anos antes da testadora, sem deixar herdeiros. Santa Maria de Baependi,13-03-1909. Vigário Marcos Pereira Gomes Nogueira.

Certifico que dei cumprimento a testamentaria da finada Dona Francisca de Paula de Jesus, celebrando e mandando celebrar as 73 missas ali testadas, pela forma seguinte: O Revmo. Sr. Cônego Custódio de Oliveira Monte Raso, celebreou a de corpo-presente e a do 3º dia, recebendo 10$000, de honorários das duas: em fim de 1897 e princípio de 1898, celebrou 20 missas por alma de Dona Isabel Maria Ciciaca, mãe da testadora e mais 20 por alma do Sr. Theotonio do Amaral, irmão da finada, recebendo dadas 40 missas 120$000.
O Revmo. Sr. Luiz Beltrão, Vigário de Lambari em 1897 celebrou 10 missas por alma do mesmo Sr. Theotonio Pereira do Amaral, irmão da finada, e recebeu 30$000 de honorários.

Eu, abaixo assinado, celebrei a de 7º dia e mais 20, por alma da testadora, recebendo os honorários acima. O Revmo. Sr. Cônego Custódio de Oliveira Monte Raso, por dificuldades de escrever firma esta comigo. *Ita in sacris.* Santa Maria de Baependi, 13 Março de 1909. Vig. Marcos Pereira Gomes Nogueira, Pe. Custódio de Oliveira Monte Raso (Positio, BD, 117-118).

No inventário são descritas as despesas para amortalhar o corpo de Nhá Chica feitas na casa Marques Irmãos, em Caxambu, no dia 15 de junho de 1895 (no dia seguinte à morte): "1 grinalda francesa 19$000; 10 Ms de renda de prata 25$000; 10 Ms de fita larga lavrada 38$000; 3 Ms de setim macaú 1$400; 1 par de luvas brancas 3$000; 30 m de galão branco 36$000: 132$400" (inventário, fls. 27 – A.J.C.B.; Positio, 111, n. 5; Biografia 2001, 80). Por ocasião da exumação, foi confirmada a veracidade das informações.

[…] Diz o abaixo assinado: que tendo a Fabrica da Matriz, desta cidade e funcionários eclesiásticos, de haver do espólio da finada Sra. Dona Francisca de Paula de Jesus a quantia de cento e cinquenta e trêz mil reis, especificada na conta junto a este, pede a V. Excia. se digne ordenar que seja a mesma descrita no inventário, a que se vai proceder. E. R. M. Vigário Marcos Pereira Gomes Nogueira.

O espólio da finada Dona Francisca de Paula de Jesus: A fábrica, inclusive 42 velas 47$000; Ao Revmo. Sr. Cônego Custódio de Oliveira Monte Raso 30$000; Ao Sacristão, Francisco de Paula Motta Junior 20$000; A Irmandade do Ssmo. Sacramento, de acompanhamento 20$000; A Irmandade de N. Sra. da Boa Morte e de acompanhamento 16$000; A Irmandade de Nossa Senhora das Mercêz 10$000; A Irmandade de Nossa Senhora do Rosário 10$000: 153$000.

Santa Maria de Baependi 25 de fevereiro de 1896. V. Marcos Pereira Gomes Nogueira (Inventário, fls. 09-10 – AABNC; Positio, BD, 111, n. 5; Biografia 2001, 79).

Outras informações foram inferidas dos testemunhos mencionados no Processo (ver Positio, *Summ.*, 27, 36, 40, 41-42, 47, 53, 57, 69, 73, 82, 157), ver também J. W. Serva, "Baependi – Quae gens tua?", 1856, 1º Centenário da Elevação de Baependi a cidade, em 2 de maio de 1856, São Paulo, Tipografia da Revista dos Tribunais, 1956, 46.

Com relação ao perfume de rosas, o senhor Flavio de Gouvea, funcionário aposentado, assim testemunhou:

> Minha mãe contava que, quando ela [Nhá Chica] morreu, permaneceu exposta quatro dias e na capela, na casinha e até mesmo no quintal, havia um perfume de rosas. Este fato chamou a atenção das pessoas e vieram muitas de vários lugares para se certificarem do que estava acontecendo (Positio, *Summ.*, 157).

Há também uma declaração do doutor Evaristo A. Seixas Maciel, médico de Juiz de Fora, na qual se lê:

> Declaro para os devidos fins que eu que esta subscrevo ouvi minha avó materna Elvira Ignácia Gonçalves, falecida em janeiro de 1958 e testemunha do fato contado a seguir, quando ela tinha 10 anos completos de idade: "Nhá Chica morreu no dia 14 e foi sepultada no dia 18 de junho de 1895, permanecendo praticamente 5 dias sem sepultura, e na sala onde permaneceu havia um perfume de flores com crescente intensidade, não obstante houvesse poucas flores e já murchas, que tinham sido postas perto de seu corpo". O que é inexplicável, na minha opinião, é que na época e naquele lugar teria sido impossível fazer um tratamento para embalsamar o corpo. Do ponto de vista médico-legal, ou seja, cientificamente, depois de 12 horas até 24, o corpo insepulto e sem preparo anterior fatalmente exala um odor ruim, consequência

inevitável da decomposição. Juiz de Fora, 9 de julho de 1992. Dr. Evaristo A. Seixas Maciel (Positio, BD, 152-153). Ver também Lefort, 76; Positio, 122-123.

O artigo do *Correio de Caxambu*, repetido na *Gazeta de Varginha*, é mencionado na Biografia 2001, 80-81.

CRONOLOGIA

1782 (13 de outubro) – Na capela de São Miguel de Cajuru (São João del-Rei) é batizada Izabel Maria, filha de Rosa Benguela, escrava de Costodeo Ferreira Braga.

1804 – Izabel Maria dá à luz Teotônio Pereira do Amaral, irmão de Nhá Chica por parte de mãe.

1808 – Nascimento de Francisca de Paula (Nhá Chica). O rei de Portugal João VI se estabelece no Rio de Janeiro, fugindo da invasão napoleônica.

1810 (26 de abril) – Na capela de Santo Antônio do Rio das Mortes Pequeno é batizada Francisca de Paula (Nhá Chica), filha natural de Izabel Maria.

1813 – Nasce o escravo Felix.

1814 – O arraial de Santa Maria de Baependi é elevado a vila.

1814/1815 – Izabel Maria, com Teotônio e Francisca, se transfere para Baependi. As duas vão morar no bairro de Cavaco.

1819 – Auguste de Saint-Hilaire parte da fazenda de Ângelo Alves, padrinho de Nhá Chica.

1818 – Morre em Baependi Izabel Maria.

1822 (7 de setembro) – Pedro I torna-se imperador do Brasil.

1823 – Teotônio Pereira do Amaral é nomeado juiz de vintena, na localidade rural de Baependi, chamada Aplicação de Santo Antônio da Piracicaba. Morre Ângelo Alves, suposto pai de Nhá Chica (em 13 de maio).

1824 – O cargo de juiz de vintena, na localidade rural de Baependi, chamada Aplicação de Santo Antônio de Piracicaba, é renovado por mais um ano. A primeira Constituição Brasileira é promulgada por Pedro I.

1830 (4 de agosto) – Teotônio Pereira do Amaral é um membro da Mesa da Irmandade da Boa Morte.

1831 (18 de agosto) – É criada a Guarda Nacional do Império.

1832 – Teotônio Pereira do Amaral se torna tenente da Guarda Nacional do Império.

1840 – Pedro II é coroado imperador do Brasil.

1844-1849 – Teotônio Pereira do Amaral se torna arrematador das rendas municipais e vereador de Baependi.

1845 (2 de abril) – Nasce, em Baependi, o maestro Francisco Raposo Pereira Lima.

1848 – Transformação da igreja matriz de Nossa Senhora do Mont Serrat em matriz de Baependi.

1850 (4 setembro) – Lei Eusébio de Queirós, Pedro II proíbe o tráfico de escravos da África.

1853 – Teotônio Pereira do Amaral ainda está solteiro e exerce a profissão de comerciante em Baependi.

1854/1855 – Teotônio Pereira do Amaral casa-se com Eliodora Maria de Jesus, de Baependi.

1861 (17 de janeiro) – Teotônio faz seu testamento. Nhá Chica é nomeada sua herdeira universal. Morre Teotônio aos 57 anos de idade (1/2 de abril).

1862 – Nhá Chica faz dourar o altar maior da matriz.

1865 (1º maio) – Nhá Chica entra com o pedido para construir em seu terreno a capela em honra de Nossa Senhora da Conceição.

1865-1871 – Guerra do Brasil com o Paraguai.

1868 – A princesa Isabel e o Conde d'Eu em Baependi.

1870 – O Padre Marcos Pereira Gomes Nogueira se torna pároco em Baependi.

1871 (28 de setembro) – A Lei do Ventre Livre ou Lei Rio Branco decreta que ninguém mais nasce escravo.

1873 – Profecia de Nhá Chica sobre Zélia, filha do conselheiro imperial João Pedreira do Couto Ferraz, que lhe dedica um soneto.

1877 (8 de dezembro) – Inauguração oficial da capela de Nossa Senhora da Conceição com o maestro Raposo.

1878 (8 de dezembro) – Repete-se a festa com o maestro Raposo.

1888 (18 de julho) – Nhá Chica faz seu testamento. Abolição da escravidão no Brasil, em 13 de maio.

1889 (15 de novembro) – Proclamação da República.

1893 (20 de maio) – Morre o liberto Felix e dona Eliodora Maria de Jesus, cunhada de Nhá Chica.

1893 (junho-setembro (?)) – Encontro com o doutor Henrique Monat.

1895 (14 de junho) – Morre Nhá Chica. Apoteose e sepultamento de Nhá Chica (18 de julho).

1951 – Biografia escrita por Helena Ferreira Pena.

1958 – Biografia elaborada pelo Frei Jacinto da Palazzolo.

1990 – Biografia redigida por Monsenhor José do Patrocínio Lefort.

1993 (10 de outubro) - 1995 (31 de maio) – Dom Aloísio Roque Oppermann, bispo da Campanha (1991-1996), inicia na Cúria Diocesana o inquérito diocesano "sobre a vida, as virtudes e a fama de santidade".

1998 (18 de junho-15 de agosto) – Dom Diamantino Prata de Carvalho, novo bispo da Campanha, efetua o segundo inquérito diocesano.

1998 (18 de junho) – Exumação dos restos mortais de Nhá Chica.

1998 (2 de agosto) – Colocação dos restos mortais no atual túmulo.

2000 – É apresentada, perante a Congregação para as Causas dos Santos, para instrução sobre a vida, as virtudes e a fama de santidade (*Positio super vita, virtutibus et fama sanctitatis*).

2001 – Biografia redigida pela Irmã Célia Cadorin, Maria José Turri Nicoliello, Maria do Carmo Nicoliello Pinho.

2009 – Reedição do texto de H. Monat, com o título "A entrevista de Nhá Chica", de Fafate Costa e Zezeth Nicoliello.

2011 – Decreto pontifício de venerabilidade.

2013 (4 de maio) – Cerimônia de Beatificação.

BIBLIOGRAFIA

ALVES, Sacramento Blake A. V. *Diccionario bibliographico brazileiro*, III. Rio de Janeiro: Typographia Nacional, 1895.

ANAIS 1. J. Nicoliello Viotti; M. C. Nicoliello Pinho; M. J. Turri Nicoliello (a c.). Anais. *I Encontro de Estudos sobre Nhá Chica. Mulher de Deus e do Povo no contexto da história – 21 e 22 de maio de 2004.* Baependi: Associação Beneficente Nhá Chica, 2005.

ANAIS 2. J. Nicoliello Viotti; M. C. Nicoliello Pinho (a c.). Anais. *II Encontro de Estudos sobre Nhá Chica. Mulher de Deus e do povo no contexto da história.* Baependi: Associação Beneficente Nhá Chica, 2007.

ANTONIL, A. J. *Cultura e opulência do Brasil.* 3. ed. Belo Horizonte: Itatiaia, 1982.

AZZI, R. *A vida religiosa no Brasil; enfoques históricos.* São Paulo: Cehila/Paulus, 1983.

BARATA, C. E. A.; CUNHA BUENO, A. H. *Dicionário das Famílias Brasileiras.* Rio de Janeiro, 1999.

BARBOSA, W. de Almeida. *Dicionário Histórico-Geográfico de Minas Gerais.* Belo Horizonte: Promoção da Família Editora [1968].

_____. *A decadência das Minas e a fuga para a mineração.* Belo Horizonte: UFMG, 1971.

_____. *Negros e quilombos em Minas Gerais*. Belo Horizonte [s.n.], 1972.

_____. *Dicionário da Terra e da Gente de Minas* (Série publicações do Arquivo Público Mineiro, 5. Belo Horizonte, Imprensa Oficial, 1985.

BARMAN, R. J. *Citizen Emperor; Pedro II and the making of Brazil 1825-91*. Stanford, University Press, 1999.

_____. *Princess Isabel of Brazil*: gender and power in the nineteenth century. Washington, Scholarly Resources Inc., 2002.

BIOGRAFIA 2001. Irmã C. Cadorin; M. J. Turri Nicoliello; M. C. Nicoliello Pinho. "Nhá Chica. A pérola de Baependi, Francisca de Paula de Jesus (1810-1895)", Baependi 2001.

CALMON, P. *Histórias de Minas e "memórias" de Nogueira da Gama*. Rio de Janeiro, José Olympio Ed., 1985.

_____. *História Social do Brasil; espírito da sociedade imperial*. São Paulo, Martins Fontes, 2002.

CASTRO, Berrance J. *A milícia cidadã*: A Guarda Nacional de 1831 a 1850. São Paulo, Companhia Editora Nacional, 1977.

CHAUNU, P. *L'America e le Americhe. Storia di un continente*. Bari, Edizioni Dedalo, 1984.

CINTRA DE OLIVEIRA, S. *Efemérides de São João del-Rei*. 2. ed. Belo Horizonte, Imprensa Oficial, 1992.

_____. *Galeria das personalidades notáveis de S. João del--Rei*. São João del-Rei, FAPEC, 1994.

COELHO, P. Le tre rose di Nhá Chica e il miracolo dell' hippy che diventò artista. *Corriere della Sera*, 17 jul. 2002, p. 31; *Ser como o rio que flui. Relatos (1998-2005)* em 2006: Nhá Chica de Baependi; Stories del 4.7.2007, Nhá Chica de Baependi.

COSTA, F.; NICOLIELLO, Z. (org.). *A entrevista de Nhá Chica*. Baependi, Veredas Comunicação, 2009.

ENOUT DE REZENDE, A. *A Santa de Baependi (versos)*. Cachoeira Paulista-SP, Tipografia *A Notícia*, 1953.

FARIA DE MOURA, R.; MARQUES MARTINS, A. *Síntese de História; História do Brasil*. Belo Horizonte, Editora Lê, s/d.

FARIA M., A. *A Guarda Nacional em Minas Gerais 1831-1873*. Curitiba, Universidade Federal do Paraná (UFPR), 1977.

FAZENDA SANTA FÉ. Inventário das Fazendas do Vale do Paraíba Fluminense, Trevo da RJ-144 e RJ-148 – Carmo (sentido de Cantagalo-RJ), 2010, 133-158.

FERROVIAS DO BRASIL, IBGE, Conselho Nacional de Estatística, 1956.

LEFORT DO PATROCÍNIO, J. *Francisca de Paula de Jesus Isabel – Nhá Chica*. 5. ed. revista e ampliada pela comissão pró-beatificação, Baependi, 2000.

LICCARDO, A.; MENDES, J. C. *Saint-Hilaire nas nascentes do Rio São Francisco, 500 anos do Descobrimento do Rio São Francisco*. Ouro Preto, 2001.

LUCCI, E. A. *Organização social e política do Brasil*. São Paulo, Editora Saraiva, 1977.

LYRA, H. *História de Dom Pedro II (1825–1891)*: Declínio (1880-1891). v. 3, Belo Horizonte, Itatiaia, 1977.

MATOS, R. J. da Cunha. *Corografia Histórica da Província de Minas Gerais (1837)*, I-II. Belo Horizonte, Itatiaia, 1981.

MONAT, H. *Caxambu*. Rio de Janeiro, Oficinas da Casa da Moeda, 1894.

MOURA, Cl. *Dicionário da Escravidão Negra no Brasil*. São Paulo, Edusp, 2004.

MOURÃO, P. Krüger Correa. *O ensino em Minas Gerais no tempo do Império*. Belo Horizonte, [s. n.], 1959.

NOBREZA DE PORTUGAL E BRASIL. Direção de A. E. Martins Zuquete. 2 ed. Lisboa, Editorial Enciclopédia, 1989.

OLIVEIRA DE DIVINO, J. *Traços biográficos de Monsenhor Marcos Nogueira*. Petrópolis, Typographia Vozes, 1920.

PALAZZOLO, Frei Jacinto de, ofmcap. *A pérola escondida – Nhá Chica*. 3. ed. Baependi, 1958.

PEDREIRA DE CASTRO, F. *Segundo Livro de Zélia (Ir. Maria do Ssmo. Sacramento)*. Petrópolis, Editora Vozes, 1943.

_____. *Zélia ou Irmã Maria do Santíssimo Sacramento*. 6. ed. Petrópolis, Editora Vozes, 1946.

_____. *Irmã Zélia – Breves traços de sua vida, em homenagem à Mãe Brasileira*. 6. ed. São Paulo, 1973.

PELÚCIO, J. A. *Templos e crentes*. São Paulo, Gráfica Paulista de João Bentivegna, 1942.

PENA, Ferreira H. *Francisca de Paula de Jesus – Nhá Chica – Biografia*. 15. ed. Baependi, 1951 (*Francisca Paula de Jesus, Nhá Chica; sua vida e seus milagres*, 1. e 13. ed. Ed. Cupolo, 1957; Ed. O Lutador, Belo Horizonte).

PINTO CORRÊA, A. Júnior. *Da Corte à Fazenda de Santa Fé – Impressões de viagem*. Rio de Janeiro, Typ. Universal de E. & H. Laemmert, 1879.

POSITIO – Campanien. In Brasilia, Beatificationis et Canonizationis Servae Dei Franciscae de Paula de Jesus dictae "Nhá Chica", laicae (1810-1895), *Positio super vita, virtutibus et fama sanctitatis*, Romae, 2000, P. N. 1839.

POSITIO, BD – Biografia documentada.

POSITIO, CS – Comissão histórica.

POSITIO, *Summ. – Summarium testium*.

RAPOSO. *A música, a vida e a obra de Francisco Raposo*. Baependi, Fundação Baependiana de Educação, Ecologia e Cultura, 2003.

SACRAMENTO DE ÁVILA, J. A. Nhá Chica, a "santa" do Rio das Mortes. *Jornal de Minas*, São João del-Rei, n. 61, p. 2, 28 nov. a 12 dez. 2005.

_____. A beata de Santo Antônio do Rio das Mortes Pequeno. *Jornal Gazeta de São João del-Rei*, São João del-Rei, ano IX, n. 411, p. 4, 15 jul. 2006.

_____. Nhá Chica, a "santa" do Rio das Mortes. *Revista da Academia de Letras de São João del-Rei*, pp. 141-161, 2006.

_____. Sobre Nhá Chica, a "Santa do Rio das Mortes". *Jornal de Minas*, São João del-Rei, n. 71, p. 2, 22 a 30 jun. 2006.

SAINT-Hilaire, August de. *Segunda viagem do Rio de Janeiro a Minas Gerais e São Paulo*. Trad. Vivaldi Moreira. São Paulo/BH, Itatiaia/Edusp, 1974.

_____. *Viagem às nascentes do Rio São Francisco*. Trad. R. Régis Junqueira. São Paulo, Livraria Itatiaia Editora Ltda, 1975.

_____. *Segunda Viagem pelas Províncias do Rio de Janeiro e Minas Gerais (1822)*. Belo Horizonte, Ed. Itatiaia, 1977.

SERVA, J. W. Baependi, Quae gens tua? 1º Centenário da Elevação de Baependi a Cidade 1856/1956, São Paulo, Tipografia da Revista dos Tribunais, 1956.

TRINDADE, Cônego R. *Arquidiocese de Mariana; subsídios para a sua história*. 2. ed. Belo Horizonte, Imprensa Oficial, 1953.

WEHLING, A.; WEHLING, M. J. C. de. *Formação do Brasil colonial*. Rio de Janeiro, Nova Fronteira, 1994.

Rua Dona Inácia Uchoa, 62
04110-020 – São Paulo – SP (Brasil)
Tel.: (11) 2125-3500
http://www.paulinas.com.br – editora@paulinas.com.br
Telemarketing e SAC: 0800-7010081

A imagem de Nossa Senhora da Conceição
diante da qual Nhá Chica rezava.

Altar da casa de Nhá Chica.

Altar da matriz de Baependi que foi dourado com donativos de Nhá Chica.

Cadeira que pertenceu a Nhá Chica.

Casa Nhá Chica.

Capela Nossa Senhora da Conceição construída por Nhá Chica.

Fachada atual do Santuário Nossa Senhora da Conceição.

Fachada da igreja Matriz de Baependi.

Igreja Matriz de Baependi.

Imagem Nhá Chica.

Paredes cheias de fotografias e ex-votos na casa de Nhá Chica.

Foto original de Nhá Chica.